ドイツ民法典第4編

（親族法）

まえがき

　この資料は、法務資料第468号として、法務省大臣官房司法法制部から刊行されたものです。

　実務に携わる各位の好個の参考資料と思われるので、当局のお許しを得て頒布することといたしました。

令和5年3月

一般財団法人　法　曹　会

は し が き

　この資料は、ドイツ民法典第4編（親族法）（Bürgerliches Gesetzbuch Buch 4 の2023年1月1日現在の条文。ただし、2022年8月末日現在で改正が判明しているものに限る。）を翻訳したものである。

　全体監修、概説及び翻訳は、次の方々に委嘱した。ここに、その労に対し、深く謝意を表する次第である。

○全体監修・概説・翻訳（第1564条〜第1588条）

　神戸大学大学院法学研究科教授　窪田充見

○全体監修・翻訳（第1773条〜第1808条）

　京都大学大学院法学研究科教授　西谷祐子

○翻訳（第1363条〜第1563条）

　大阪大学大学院高等司法研究科教授　青竹美佳

○翻訳（第1297条〜第1362条）

　神戸大学大学院法学研究科教授　浦野由紀子

○翻訳（第1589条〜第1625条）

　京都大学大学院法学研究科教授　木村敦子

○翻訳（第1809条〜第1888条）

　九州大学大学院法学研究院教授　小池　泰

○翻訳（第1626条〜第1772条）

　京都産業大学法学部教授　渡邉泰彦

令和4年12月

法務省大臣官房司法法制部

目　　次

［概説］
ドイツ民法典第4編「親族」－概説

ドイツ民法典第4編「親族」―概説

神戸大学教授　窪田充見

1　ドイツ民法典の成立と全体像

　ドイツ民法典（BGB; Bürgerliches Gesetzbuch）は、19世紀に、ローマ法を素材として、普通法学を通じて体系化された枠組み（いわゆるパンデクテン方式）を踏まえて、1896年に成立し、1900年1月1日に施行された。なお、旧民法を改正するという形で、我が国の現行民法典の第1編から第3編は1896年に、同第4編と第5編は1898年に成立し、同年に施行されており、両者の立法は時期的には非常に近接したものとなっている（我が国の現行民法典の編纂に際しては、ドイツ民法第一草案、第二草案が参照されている）。

　こうしたドイツ民法典は、第1編「総則（Allgemeiner Teil）」、第2編「債務（Recht der Schuldverhältnisse）」、第3編「物権（Sachenrecht）」、第4編「親族（Familienrecht）」[1]、第5編「相続（Erbrecht）」から成っている（日本民法の編別は、第2編と第3編の順序において異なるが、これは1865年のザクセン民法の編別にしたがったものである）。

2　ドイツ民法第4編の概観と我が国における状況との対比

　我が国の現行民法典と同様に第4編に置かれた「親族」は、全体として、第1章「民事上の婚姻（Bürgerliche Ehe）」、第2章「血族関係（Verwandtschaft）」、第3章「後見、未成年者のための保護、法的世話、その他の保護（Vormundschaft, Pflegschaft für Minderjährige, rechtliche Betreuung, sonstige Pflegschaft）」の三つの章から構成されている。

---

[1] 第4編のタイトルのFamilienrechtは、直訳すれば「家族法」となる。しかし、日本語での「家族法」は、親族法の意味で用いられるほか、親族法・相続法の両方を含むものとして用いられる場合も少なくないため、本翻訳では、日本民法と同じ「親族」という言葉を用いている。

こうしたドイツ民法典の第4編は、第1297条から第1888条の条文から成っており、我が国の民法の親族編よりも、単純に条文数だけを見ても、はるかに詳細な規定が用意されている。そうした中には、我が国の親族編では特に言及されていない規定（婚約についての法律関係、別居の場合の法律関係等）のほか、我が国では簡単な規定しか置かれていないものについて詳細な規定が置かれているもの（婚姻財産制に関する規定、子の配慮に関する規定、後見・世話等に関する規定等）も含まれている。こうした詳細な規定は、我が国の規律を見直す上でも一つの参考となるものと言えるだろう。

　こうした単純な条文数の相違以外にも、我が国の民法第4編との対比では、以下のような点を、ドイツ民法第4編に関する特徴として挙げることができるように思われる。

　第一に、ドイツと日本における民法典中の親族に関する改正の状況である。こうした改正の状況は、両国における親族法に対するスタンスの違いや法改正等の背景にある社会的意識の変化、さらには、そうした変化を民法典において反映させることについての基本的な姿勢の相違も示唆しているように思われる。

　まず、我が国の民法典の第4編と第5編が、第二次世界大戦後に、家制度の廃止という観点から全面的に改正され（1947年改正）、条文の番号も振り直されたのに対して、ドイツ民法第4編に関しては、そうした意味での「全面改正」[2]はなされていない。もっとも、後述するように、ドイツでは、1938年に、ナチスのイデオロギーを強く反映した特別法としての婚姻法（Ehegesetz）が制定され、1946年に、それが廃止され、新たな婚姻法が制定されているという点については、戦後の見直しという観点から言及される

---

[2] 我が国の戦後の改正では、条文の番号の振り直しといった形式的な面だけではなく、実質的にも、上述のように家や戸主に関する部分が削除され、婚姻の捉え方や妻の法的地位については大きく変化したと評価することができる。もっとも、時間的な制約に照らせば当然かもしれないが、家制度の見直しに関わる部分以外については、必ずしも徹底的な見直しがなされたわけではなく、改正前の第4編・第5編と現行規定の実質的な連続性と断絶性については議論の余地が残されている。

べきだろう。

　他方、我が国の民法典の第4編については、上述の1947年改正以後になされた法改正は、特別養子制度の創設等、非常に限られたものにすぎない。1996年には、親族法と相続法に関するかなり包括的な内容を有する法制審議会による要綱（1996年改正要綱）がまとめられて、法務大臣に答申されているが、それが現在に至るまで法改正のプロセスにつながっていないのは、よく知られているとおりである（その後、非嫡出子の相続分や再婚禁止期間に関する違憲判決等を通じて、その一部は個別の法改正によって実現されている）。比較的最近になって、親族法に関する法改正[3]や改正の動き[4]が活発になっており、家族法改正をめぐる状況は急速に変化しているが、それまでの状況は、極めて動きの乏しいものであった。それに対して、ドイツ民法典については、非常に高い頻度で、それも大きな改正がなされてきたという点では対照的である（その中のいくつかについては後述する）。こうした度重なる改正を経て、現在のドイツ親族法の性格は、立法当初からは大きく変化し、「ほとんど原型をとどめぬほど変貌した」という評価もなされている[5]。

　第二に、こうしたドイツ民法典第4編をめぐる多くの動きが、ドイツ基本法との関連で論じられてきたという点も、我が国における状況との相違として挙げられるように思う。

　もとより、我が国においても、選択的夫婦別姓や同性婚をめぐる議論において憲法との関わりで論じられることは決して少なくはない。また、既に触れたように最高裁の違憲判決を受けて法改正がなされたものもある。しか

---

[3]　上述の違憲判決等に対応した個別の立法のほか、法制審議会の答申を踏まえた親権制限に関する法改正、特別養子制度に関する法改正、民事執行法や家事事件手続法における子の引渡し等に関する法改正などが挙げられる。

[4]　立法に至っていないが、現時点ですでに答申がなされたものとして、法制審議会民法（親子法制）部会において要綱としてまとめられたものがある。また、現在も改正に向けた審議が続いているものとして、離婚後の子の監護のあり方を検討している法制審議会家族法制部会がある。

[5]　村上淳一＝守矢健一＝ハンス・ペーター・マルチュケ『ドイツ法入門』（改訂第9版、2018年、有斐閣）177頁以下。

し、特に婚姻や親子といった本質的な問題については、憲法上の議論が正面から取り組まれてきたとは必ずしも言えないように思われる。それに対して、ドイツにおいては、まさしく憲法上の議論が、ドイツ民法第4編の非常に幅の広い改正等につながってきたという点では、我が国における状況との顕著な相違を見出すことが可能であるように思われる。

こうした背景としては、ドイツ基本法第6条第1項が、「婚姻及び家族は、国家秩序の特別の保護を受ける」と規定しており、基本法自体が家族関係に積極的に関わる内容を定めていることも挙げられるかもしれない（なお、ドイツ基本法の同条第2項以下では、子の監護及び養育についての親の権利、子との分離、母の権利、非嫡出子の法的地位について規定されている）。さらに、ドイツにおける連邦憲法裁判所の判例のみならず、欧州人権裁判所の判例においても、民事法上の問題がより明確に基本的人権（平等権や人格権のほか、欧州人権条約第8条の家庭生活の尊重を受ける権利など）に関わる問題として扱われ、判断されてきたという点も指摘することができるだろう。

比較法的な観点からのドイツ民法第4編の分析は、さらに踏み込んだ形でなされるべきものであるが、ここでは、特に我が国において検討課題とされている点も意識しながら、「婚姻」、「親子」、「親権」の三つについて、ドイツ民法第4編の内容についてごく簡単に触れておくことにしたい。

3 ドイツ民法第4編における「婚姻」

婚姻に関しては、既に簡単に触れたところであるが、当初、民法典の中に組み込まれていた「婚姻」は、ナチス政権時代の1938年に、民法典から切り離され、ナチスのイデオロギーを強く反映した特別法としての「婚姻法」が制定されている。第二次世界大戦後にこうしたナチス婚姻法の見直しが求められたのは当然であり、1946年には、新たな「婚姻法」[6]が成立している。

6　この1946年の婚姻法については、田島順＝近藤英吉（福地陽子補遺）『現代外国法典叢書(4)独逸民法IV　親族法』〔復刊版、 1955年、有斐閣〕に、その翻訳が収録されており、そ

もっとも、この新たな婚姻法も特別法として位置づけられるものであり、その後、同法の見直しとともに、その内容が民法典に次第に再び吸収されていくことになるが、完全な形で民法典への取り込みが実現するのは、1998年になってからのことである[7]。

(1) 同性婚

ドイツ法における「婚姻」をめぐって、特に、我が国との対比として特に取り上げるべきであるのは、同性婚をめぐる状況であろう。世界で初めて同性婚を認めたのは、2001年のオランダであるが、ドイツにおいても、同じ2001年に、生活パートナーシップ（Lebenspartnerschaft）の制度が導入されている。これは、婚姻外の仕組みとして婚姻に準ずるような法律関係を認めるものであるが、その後の幾度かの改正を経て、生活パートナーシップと婚姻との相違はより少なくなっていった。その後、2017年、ドイツにおいても同性婚が導入され、「婚姻は、異性又は同性の二人の者によって、生涯にわたり締結される」（BGB第1353条第1項）との規定に改められた[8]。

なお、同性婚が認められたことにより、同性婚導入後の新たな生活パートナーシップの設定は認められていない[9]。なお、既に成立した生活パート

れまでのナチス婚姻法との詳細な対照を行った資料も収録されている。

[7] こうした婚姻法の特別法としての性質と民法典への復帰の経過については、村上＝守矢＝マルチュケ・前掲『ドイツ法入門』180頁以下。

[8] こうしたドイツ法の現在の状況とそこに至る経緯については、渡邉泰彦「ドイツにおける同性カップルの法的処遇」ジュリスト1577号77頁（2022年）において簡潔に整理し、分析されている。なお、特に同性婚の導入に関する政治的状況については、同「ドイツにおける同性婚導入」京都産業大学総合学術研究所所報13号1頁〔2018年〕が取り上げており、非常に興味深い。

[9] ドイツ法においては、パートナーシップが、同性婚の承認によって、いわば「発展的に解消」したと位置付けられているのに対して、比較法的には、同性婚の承認後もパートナーシップ制度を継続して維持するというイギリス法やフランス法のような制度もある。この点は、パートナーシップを同性婚を実現するプロセスにおける中間段階的なものと捉えるのか、婚姻制度を相対化して、それと並列する制度として位置づけるのかという点でも、興味深い論点を含むものである。イギリス法については、田巻帝子「イギ

ナーシップは存続するので（ただし、生活パートナーシップから婚姻への転換は認められる）、民法典第4編には、生活パートナーシップに関わる規定も残されている。

⑵　婚姻財産に関する規律

我が国の民法第4編においては、「夫婦財産制」についての規律は設けられているものの、ごく簡単な規定が置かれているにとどまり、そこで言及される夫婦財産の「潜在的共有」についても、財産分与等の場面での解釈問題として扱われているにすぎないとも言える。

それに対して、ドイツ民法第4編第1章「婚姻」に置かれた第6節「婚姻財産制」の規定は極めて詳細なものである。

まず、婚姻財産契約が合意されない場合には、「剰余共同制（Zugewinn－gemeinschaft)」がとられ、婚姻継続中に婚姻当事者が取得する財産については、各自の固有財産であるものの相互に潜在的な持分を有し、剰余共同制が終了する際に清算されることが規定される。その上で、死亡における剰余の清算については法定相続分の引き上げによること等が規定され、その他の場合については詳細な清算についての規律が用意されている。

この種の配偶者の死亡時の「清算」については、我が国においては、法制審議会民法（相続関係）部会においても議論がなされたが、2018年の相続法改正には取り込まれなかった。また、離婚の際の財産分与については、1996年改正要綱において、いわゆる「2分の1ルール」[10]が提案され、そうした2分の1ルールは、現在では実務においても定着しているとされ

リス－パートナーシップ制度と婚姻制度の並立」法律時報88巻5号53頁（2016年）、同「イギリスにおける同性カップルの法的処遇」ジュリスト1577号81頁（2022年）、フランス法については、大村敦志「パクスその後」115頁、水野紀子編『社会法制・家族法制における国家の介入』（2013年、有斐閣）、大島梨沙「フランスにおける同性カップルの法的処遇」ジュリスト1577号85頁（2022年）。

[10] 1996年要綱の第六では、財産分与について当事者の寄与の程度等が基準となるとした上で、「各当事者の寄与の程度は、その異なることが明らかでないときは、相等しいものとする」としている。もっとも、この2分の1ルールの対象となる財産家なのか等については、なお必ずしも明確ではない点も残されている。

ている。もっとも、こうした２分の１ルールについては、法制審議会家族
法制部会においても取り上げられているものの、それが当初想定してい
たものと、現在あるいは将来における状況の違いがあり得るのではないか
という点も指摘されているところである（当初は、専業主婦モデルを前提
に、妻の保護を図るという側面が強かったのに対して、前提となる婚姻の
状況が変化し、将来においても変わっていく可能性がある）。そうした点
を踏まえた場合に、ドイツ民法が示す剰余財産の清算についての規律は、
一つの参考となり得るものであろう。

(3) 離婚

　離婚については、我が国と異なり、協議離婚という仕組みはなく、裁判
による離婚のみが認められている（なお、ドイツでも協議離婚制度を導入
することが何度か議論されたが、弁護士会等の反対もあって、実現してい
ない）。

　当初定められていた離婚原因は有責主義に基づくものに限定されていた
が（姦通、殺害の企図、婚姻に基づく重大な義務違反、精神病）、現在で
は、破綻主義に移行し、端的に「婚姻が破綻したときに」離婚が認められ
るものとされている。その上で、いかなる場合に破綻が認められるかにつ
いて、一定期間以上の別居及び離婚の合意等に基づいて判断する等の規律
が用意されている。我が国においても、消極的破綻主義から積極的破綻主
義へのシフトが指摘されているところであるが、それでは、どのような場
合に破綻したと言えるのかという点については、明確な規律は用意されて
いない。そうした点で、「別居」等の具体的な事実に即して、破綻を認定
するというドイツ民法において用意された規律は、参考となり得るもので
あろう。

　また、離婚に際しての住居や家財についての規定も用意されているほか
（離婚に際しての剰余財産の清算については既に触れた通りである）、離
婚後の扶養についても詳細な規定が置かれている。そこでは、自己責任を
原則としつつ、どのような場合に例外的に扶養を求めることができるかに

ついて、詳細な規定が用意されている。我が国においては、離婚時の財産分与は、清算、扶養、そして当事者が求める場合には慰謝料を含むものと説明されているが、清算や扶養の内容は必ずしも明確ではない。特に、離婚後の扶養については、その法的根拠を含めて、議論があるところである。そうした状況に照らして、ドイツ民法におけるこうした規律は、一つの参考となるものと言えるだろう。

4　ドイツ民法第4編における「親子」

　親子関係については、ドイツ民法第4編第2章「血族関係」において規定されているが、当初は、親子関係の成立について、我が国の現行民法にも比較的近い内容を有する嫡出推定制度が設けられていた（細部においては異なるが、懐胎を通じた嫡出推定と夫のみに認められた否認権からなっていた点では共通する）。他方、非嫡出子（nichteheliches Kind[11]）については、父との間の血族関係が否定されており（非嫡出子は母及び母の親族と血族関係を有するにすぎない。父に対しては、一定の扶養請求権を有するにとどまる）、我が国における以上に、非嫡出子の法的地位は弱いものであったと言える。

　その後、親子関係についての規律は、何回かの改正を経てきたが（非嫡出子についての父子関係の認知と裁判上の確認制度が導入されたのは、1969年改正による）、それが特に大きく変化したのは、1997年改正であり、さらに、2004年改正を経て、現在に至っている[12]。

---

[11] 当初は、uneheliches Kindという言葉が用いられていた。uneheliches Kindもnichteheliches Kindのいずれも、字義的には、eheliches Kind（嫡出子。直訳では「婚姻による子」）ではないという意味であるが、当初用いられたuneheliches Kindは、より差別的なニュアンスを含んだものとして使われていたとされる（前掲『現代外国法典叢書』では、「私生子」という訳語が当てられている）。その後、ドイツ基本法第6条第5項（非嫡出子についての嫡出子と同じ条件の保障）を受けた1969年の法改正において、nichteheliches Kindという言葉に改められた。

[12] 1997年改正については、岩志和一郎「ドイツの新親子法」（上）（中）（下）」戸籍時報493号2頁、495号17頁、496号26頁（1998年〜1999年）が、簡潔にその内容を紹介している。また、1997年改正を含むドイツ民法典成立時から現在に至る親子関係の通時的な変遷につ

まず、1997年改正の内容は多岐にわたっているが、①子を出産した者を母とするとした上で（BGB第1591条）、②嫡出・非嫡出の区別を廃止し、子の父母が婚姻しているか否かにかかわらず、法的父子関係の成否に関する制度が統一的に規定された（同第1592条）。さらに、③母の婚姻に基づいて設定される父子関係の範囲に関しては、子の出生時が基準とされ、(a)婚姻中に生まれた子については母の夫が父と推定され、それに伴い再婚禁止期間が廃止され、(b)離婚後に生まれた子の父子関係推定が廃止され、他方、(c)死亡による婚姻解消後に生まれた子については夫の父子関係を認めることとされた（同第1593条）。また、④母の否認権が導入され（同第1600条第1項第3号）、⑤子の否認権についても、(a)子が否認権を行使できる場合を限定していた規定が廃止され、(b)未成年者の法定代理人が法定期間内に父性を否認しなかった場合に、子が成年に達してから否認権を行使することが認められた（同第1600b条第3項）。また、⑥子が離婚請求訴訟係属後に出生し、第三者が父性を承認し、母の夫が第三者による父性承認に同意した場合には、否認訴訟によらない父子関係の成立の否定が認められた（同第1599条）。

　特に、このうち、①はそれまでもある程度自明のこととされてきたものではあるが、生殖補助医療（代理懐胎）により、出産した者（分娩者）と血縁上の「母」とが異なり得ることを踏まえた上で、出産者を母とすることを明確としたもので、現在のコンテクストにおいて親子関係を判断する上での重要な起点となるものである。また、②は、嫡出子、非嫡出子という言葉の廃止や法的地位の平等化といった意味を有するだけではなく、婚姻と切り離して父子関係を定めるというのは、親子関係についての基本的な捉え方の変化をもたらすものだと言えるだろう。

いては、木村敦子「法律上の親子関係の構成原理－ドイツにおける親子関係法の展開を手がかりとして－(1)～（16・完）」法学論叢167巻1号、同2号、168巻66号、170巻3号、174巻6号、176巻4号、178巻6号、180巻4号、181巻6号、184巻6号、186巻1号、同3号、同4号、187巻4号、同5号、同6号（2010～2020年）において詳細に取り上げられている。同論文においては、1997年改正が、ドイツ親子法に関する多くの改正の中でも転換点となったものとして位置づけられている。

その後、 2004年改正においては、①生物学上の父の否認権（「懐胎期間中に子の母と性交渉をもった旨を宣誓に代えて保証した男性」の否認権）が導入され（BGB第1600条第1項第2号）、②否認権行使の要件として、否認した者と子との間の生物学上の父子関係があり、法律上の父と子の間に「社会的家族関係（eine sozial – familiäre Beziehung）」が存在しないことが規定された（同条第2項）。

5　ドイツ民法第4編における「親の配慮」

　日本民法の親権に相当する規定は、ドイツ民法第4編第2章の中に置かれている。すなわち、同第4節「親と子の間の法律関係全般」の規定が置かれ、同第5節「親の配慮」において詳細な規定が用意されている。

(1)　親権に代わる「親の配慮」

　当初のドイツ民法第4編においては、我が国の「親権」にほぼ対応する表現としてのelterliche Gewaltという用語が用いられていた（Gewaltという言葉には支配権としてのニュアンスが濃厚に含まれる）。しかし、 1979年改正によって、elterliche Sorge（親の配慮）という用語に改められた。この改正は、単なる言葉の置き換えではなく、子が権利の主体であることを踏まえ、親の配慮の義務性を明確にするものであった。

　さらに、「親の配慮」については、 1997年改正により、大幅な見直しがなされた。それによれば、父母の共同配慮を原則としつつ（BGB第1626条第1項）、他方で、共同で子の監護をしている両親が一時的なものではない別居をしている際には、親の配慮の全部又はその一部を単独で委ねることを家庭裁判所に申し立てることができ、それが認められると共同配慮は終了する（BGB第1671条）。また、婚姻していない父母の場合には、両親が親の配慮を共同で引き受ける意思を表示したとき又は事後的に婚姻したときに共同配慮となるものとし、それ以外の場合には、父が特に裁判所に申立てをしない限り、母が親の配慮を有するものとされる（BGB第1626a条）。こうした配慮の意思表示についても詳細な規定が用意されてい

るが、ドイツ民法における共同配慮の原則が無限定なものではない点（特に、父母の自己決定権が重視されている点）は確認しておくべきであろう[13]。

なお、日本民法における「親権」は、その内容とともに、その言葉自体も繰り返し議論の対象となってきたものであるが[14]、ドイツ法におけるこうした動きやそこで設けられた規定は、我が国における議論の手がかりとなるものと考えられる。

⑵ 子との交流

我が国でも、子との面会交流は一つの重要な論点となっているが、初めて面会交流が民法の中で言及されることになったのは、2011年の改正による。もっとも、そこで改正された民法第766条第1項は、あくまで離婚後の子の監護に関する事項の定めの一つとして、「父又は母と子との面会及びその他の交流」を挙げるだけであり、それ以上に、面会交流の法的性質や具体的内容について規定しているわけではない[15]。

それに対して、ドイツにおいては、子との「交流」については（Umgangは、手紙や電話等の手段を含むかなり幅広い概念であり、本翻訳において

---

[13] 岩志・前掲「ドイツの新親子法（中）」17頁以下。

[14] 従前からも「親権」という言葉と法的性質については議論があったところであり、法制審議会児童虐待防止関連親権制度部会、法制審議会民法（親子法制）部会等においても、親権の法的性質（義務としての側面の強調）とともに、親権という用語自体も検討の対象となった。民法第820条において「子の利益のために」という文言が追加されたのは、こうした議論を経てのものであるが、民法第820条の「権利を有し、義務を負う」という表現や「親権」という言葉の見直し自体についての具体的な改正提案は見送られた。

[15] この改正を受けて、面会交流が原則として認められるべきものだという見解も有力となった。そうした見解においては、裁判官によるものとして、細矢郁＝進藤千絵＝野田裕子＝宮﨑裕子「面会交流が争点となる調停事件の実情及び審理のあり方－民法766条の改正をふまえて」家裁月報64巻7号1頁（2012年）に言及されることが多い。もっとも、東京家庭裁判所面会交流プロジェクトチーム「東京家庭裁判所における面会交流調停事件の運営方針の確認及び新たな運営モデルについて」家庭の法と裁判26号129頁（2020年）においては、面会交流についてより慎重な判断と運用がなされているという状況も示されている。

は、「交流」と訳している）、かなり詳細な規定が用意されている。当初は、子が嫡出子の場合と非嫡出子の場合を区別して、非監護親と子との交流について規定していたが、上述のように、 1997年改正[16]で、嫡出子・非嫡出子の区別が廃止されたことに伴い、統一的な子との交流についての規定が用意され、まず交流が子の権利であることを規定した上で、親の義務であり、権利であると規定された（BGB第1684条第1項）。交流の範囲や方法については、家庭裁判所が詳細に定めることができるものとされ、適切な交流のために家庭裁判所が積極的に関与することが予定されている（同条第3項）。

　また、祖父母及び兄弟姉妹等、親以外の者についても、子の福祉に資する場合に、子と交流する権利を認めている（BGB第1685条。他に、法律上の親ではない生物学上の親の子との交流に関して規定するBGB第1686a条がある）。

　上述のように我が国では、子との面会交流が重要な論点であることは意識されつつも、その具体的規律については特に定められておらず、家庭裁判所の実務も必ずしも明確とは言えない状況において、ドイツ民法が詳細に規定する内容は一つの参考となるものだろう。

（2022年10月9日）

---

[16] この概要についても、岩志・前掲「ドイツの新親子法（中）」26頁以下。

［翻訳］
ドイツ民法典第4編（親族法）

第4編　親族法

第1章　民事上の婚姻

第1節　婚約

第1297条　婚姻成立の申立ての不許、違約金の約束の無効

(1)　婚約に基づき、婚姻成立の申立てをすることはできない。

(2)　婚姻成立に至らなかった場合の違約金の約束は、無効である。

第1298条　婚約破棄の場合の賠償義務

(1)　婚約の一方当事者は、婚約を破棄したときは、婚約の他方当事者、その両親、及びその両親に代わって行為した第三者に対して、それらの者が婚姻の成立を期待して費用を支出し、又は債務を負担したことによって生じた損害を賠償しなければならない。婚約の他方当事者に対しては、その者が婚姻の成立を期待してその財産又はその職業上の地位に影響を及ぼすその他の措置を講じたことにより被った損害も、賠償しなければならない。

(2)　損害は、費用の支出、債務の負担及びその他の措置がその状況に応じて相当であった場合に限り、賠償されるものとする。

(3)　賠償義務は、婚約の破棄につき重大な事由の存するときは生じない。

第1299条　婚約の他方当事者の責めに帰すべき事由に基づく破棄

　婚約の一方当事者は、婚約の破棄につき重大な理由となる責に帰すべき事由により、婚約の他方当事者による破棄を誘引した場合には、前条第1項、第2項の定めるところに従い、損害賠償の義務を負う。

第1300条　（削除）

第1301条　贈与したものの返還

　婚姻の締結に至らなかったときは、婚約の各当事者は、婚約の他方当事者に対して、不当利得の返還に関する規定に従い、贈与し、又は婚約の証として与えたものの返還を請求することができる。婚約が婚約の一方当事者の死亡により解消された場合において、返還請求は、いずれか不明であるときには、排除

されるものと推定される。

第1302条　消滅時効

　第1298条ないし前条に定める請求権の消滅時効期間は、婚約の解消の時から進行を始める。

第２節　婚姻の成立

第１款　婚姻能力

第1303条　婚姻適齢

　婚姻は、成年に達する前にしてはならない。満16歳に達しない者とは、有効に婚姻することができない。

第1304条　行為無能力

　行為能力のない者は、婚姻をすることができない。

第1305条　（削除）

第２款　婚姻の禁止

第1306条　継続中の婚姻又は生活パートナーシップ

　婚姻は、互いに婚姻を締結しようとする者の一方と第三者との間に婚姻又は生活パートナーシップが存在するときは、締結してはならない。

第1307条　血族関係

　婚姻は、直系血族の間並びに全血及び半血の兄弟姉妹の間では、締結してはならない。血族関係が養子縁組によって消滅したときも、同様とする。

第1308条　養子縁組

(1)　婚姻は、前条にいう血族関係が養子縁組によって創設されている者の間では、締結されないものとする。ただし、養親子関係が解消された場合は、この限りでない。

(2)　家庭裁判所は、申立人とその将来の婚姻当事者との間に養子縁組によって傍系の血族関係が創設されたときは、申立てにより、前項の適用を除外することができる。ただし、重大な事由により婚姻の成立が妨げられる場合には、この適用除外は認められないものとする。

第3款　婚姻要件具備証明書

第1309条　外国人のための婚姻要件具備証明書

⑴　婚姻締結の要件に関して、民法施行法第13条第2項に該当せず、外国法の適用を受ける者は、婚姻締結が本国法によれば婚姻障害によって妨げられないことを証する本国の国内官庁の証明書を提出するまでは、婚姻は成立しないものとする。国内官庁の証明書には、欧州連合内における一定の公文書の提示要件の簡素化による市民の自由移動の促進並びにEU規則第1024／2012号を改正するための2016年7月6日欧州議会及び欧州理事会によるEU規則第2016／1191号（EU官報2016年7月26日L200号1頁）第3条第1号eに定める公文書のほか、当事者の本国との間で締結された条約の定めるところに従い他の機関によって付与される証明書も該当する。証明書は、その発行から6か月以内に婚姻が締結されないときは、その効力を失う。証明書においてこれより短い有効期間が定められている場合には、その期間が基準となる。

⑵　婚姻締結の届出がなされた身分登録局が所在する管区の高等裁判所の長官は、前項第1文の要件を免除することができる。この免除は、外国に常居所を有する無国籍者、及び前項に定める婚姻要件具備証明書を官庁が発行しない国に属する者に対してのみ、与えるものとする。特別の場合には、その他の国に属する者にも免除を与えることができる。この免除は、6か月間に限り効力を有する。

⑶　（削除）

第4款　婚姻の締結

第1310条　身分登録官の権限、瑕疵ある婚姻の治癒

⑴　婚姻は、婚姻を締結しようとする者が、身分登録官の面前で、両者の間で婚姻を成立させる意思を表示することによってのみ、締結される。身分登録官は、婚姻締結の諸要件が満たされているときは、婚姻締結への協力を拒絶してはならない。身分登録官は、次に掲げるいずれかの場合には、協力を拒絶しなければならない。

1．第1314条第2項によれば、婚姻が取消し得ることが明らかなとき。

２．民法施行法第13条第３項によれば、想定された婚姻が無効であるとき、又は婚姻の取消しが考えられるとき。

⑵　身分登録官ではないが、身分登録官の職務を公に遂行し、かつ、婚姻を婚姻登録簿に登録した者も、身分登録官とみなす。

⑶　婚姻の両当事者が、互いに婚姻を成立させる意思を表示したときであって、次に掲げるいずれかの場合にも、婚姻が締結されたものとみなす。

　　１．身分登録官が婚姻を婚姻登録簿に登録したとき。

　　２．身分登録官が、婚姻の両当事者に共通の子の出生証書を作成する際に、婚姻締結の事実を出生登録簿に付記したとき。

　　３．身分登録官が、婚姻の両当事者から婚姻の存在を有効要件とする家族法上の意思表示を受領し、これについて婚姻の両当事者に法律所定の証明書を付与し、かつ、婚姻の両当事者が以後10年間、又は婚姻の一方当事者が死亡するまで少なくとも５年間、婚姻当事者として共同で生活していたとき。

第1311条　本人による意思表示

　婚姻を締結する両者は、自身で、かつ、同時に出頭して、前条第１項による意思表示をしなければならない。この意思表示は、条件又は期限を付してすることができない。

第1312条　婚姻の挙行

　身分登録官は、婚姻締結の際に、婚姻を締結する者に対して、両者の間で婚姻を成立させる意思があるかどうかを個別に問い、婚姻を締結する者が肯定の答えをした後に、両者は今や法律によって適法に結ばれた婚姻当事者であることを宣言するものとする。婚姻の締結は、婚姻を締結する者が希望するときは、一人又は二人の証人の前ですることができる。

　第３節　婚姻の取消し

第1313条　裁判官の裁判による取消し

　婚姻は、申立てにより、裁判官の裁判によってのみ、取り消すことができ

る。婚姻は、裁判の確定をもって解消される。婚姻の取消しを求めるための要件は、第1314条以下に定めるところによる。

第1314条　取消原因

(1)　婚姻は、次に掲げる場合に取り消すことができる。

　　1．婚姻が、第1303条第1文に違反して、婚姻締結の時点で満16歳に達していた未成年者との間で締結されたとき。

　　2．婚姻が、第1304条、第1306条、第1307条、及び第1311条に違反して締結されたとき。

(2)　婚姻は、次に掲げる場合にも取り消すことができる。

　　1．婚姻の一方当事者が、婚姻締結の際に、意識不明の状態にあったとき、又は精神活動に一時的な障害のある状態にあったとき。

　　2．婚姻の一方当事者が、婚姻締結の際に、それによって婚姻が締結されることを認識していなかったとき。

　　3．婚姻の一方当事者が、もしその事情を知り、かつ、婚姻の本質を正当に評価したならば婚姻を締結しなかったであろう事情について、悪意の欺罔があったために婚姻成立に誘導されたとき。ただし、その欺罔が、財産状態に関するものであるとき、又は婚姻の他方当事者が知らないまま第三者によってなされたときには、この限りでない。

　　4．婚姻の一方当事者が、強迫によって違法に婚姻成立に誘導されたとき。

　　5．婚姻の両当事者が、婚姻締結の際に、第1353条第1項に定める義務を負うつもりがないことを合意していたとき。

第1315条　取消しの排除

(1)　婚姻の取消しは、次に掲げる場合には認められない。

　　1．第1303条第1文に違反した場合において、

　　　a)　未成年の婚姻の当事者が、成年に達した後に、婚姻を継続する意思を表示したとき（追認）。

　　　b)　特別の事情により、婚姻の取消しが未成年の婚姻当事者にとって著しい苛酷状態をもたらすために、例外的に婚姻の維持が相当であると思

われるとき。

2．第1304条に違反した場合において、婚姻当事者が、行為無能力でなくなった後に、婚姻を継続する意思を表示したとき（追認）。

3．前条第2項第1号に定める場合において、婚姻当事者が、意識不明又は精神活動の障害がなくなった後に、婚姻を継続する意思を表示したとき（追認）。

4．前条第2項第2号ないし第4号に定める場合において、婚姻当事者が錯誤若しくは詐欺に気付いた後、又は強迫状態がやんだ後に、婚姻を継続する意思を表示したとき（追認）。

5．前条第2項第5号に定める場合において、婚姻の両当事者が婚姻締結後に婚姻当事者として共同で生活していたとき。

ただし、行為無能力者による追認は、無効である。

(2)　婚姻の取消しは、次に掲げる場合にも認められない。

1．第1306条に違反した場合において、新しい婚姻が締結される前に、従前の婚姻について離婚若しくは取消しの裁判、又は生活パートナーシップについて取消しの裁判が下され、かつ、その裁判が新しい婚姻の締結後に確定したとき。

2．第1311条に違反した場合において、婚姻の両当事者が婚姻締結後5年間、又はその前に婚姻の一方当事者が死亡した場合には死亡時までの少なくとも3年間、婚姻当事者として共同で生活していたとき。ただし、5年が経過する間に、又は婚姻の一方当事者の死亡時に、婚姻の取消しの申立てがなされた場合には、この限りでない。

第1316条　申立権

(1)　次に掲げる者は、申立権を有する。

1．第1303条第1文、第1304条、第1306条、第1307条、第1311条に違反した場合、並びに第1314条第2項第1号及び第5号に定める場合においては、婚姻の各当事者及び所轄の行政官庁が申立権を有し、さらに第1306条においては同条に定める第三者が申立権を有する。所轄の行政官庁は、州政府

の法規命令によって定められる。州政府は、法規命令によって、第2文に定める権限を所轄の州最上級官庁に委譲することができる。

2．第1314条第2項第2号ないし第4号に定める場合においては、各号に掲げる婚姻当事者が申立権を有する。

(2)　申立ては、行為能力のない婚姻当事者については、その法定代理人のみがすることができる。第1303条第1文に違反した場合には、未成年の婚姻当事者は、自身でのみ申立てをすることができ、その法定代理人の同意を要しない。

(3)　第1304条、第1306条若しくは第1307条に違反した場合、又は第1314条第2項第1号及び第5号に定める場合において、婚姻の取消しが、婚姻の一方当事者又はその婚姻から生まれた子に対して、例外的に婚姻の維持が相当であると思われるほどの著しい苛酷状態をもたらさないときは、所轄の行政官庁が申立てをするものとする。第1303条第1文に違反した場合には、所轄の行政官庁が申立てをしなければならない。ただし、未成年の婚姻当事者がその間に成年になり、婚姻を継続する意思を表示したときは、この限りでない。

第1317条　申立期間

(1)　申立ては、第1314条第2項第2号及び第3号に定める場合は1年以内に限り、第1314条第2項第4号に定める場合は3年以内に限り、することができる。この期間は、錯誤若しくは詐欺に気付いた時、又は強迫状態が止んだ時から進行する。ただし、この期間は、行為能力のない婚姻当事者の法定代理人については、期間の進行開始を基礎づける事情を法定代理人が知った時から進行する。期間の進行については、第206条及び第210条第1項第1文が準用される。

(2)　行為能力のない婚姻当事者は、その法定代理人が適時に申立てをしなかった場合には、行為無能力でなくなった後6か月以内に自ら申立てをすることができる。

(3)　婚姻が既に解消されているときは、申立てをすることはできない。

第1318条　取消しの効果

-19-

(1)　婚姻の取消しの効果は、次に掲げる場合についてのみ、離婚に関する規定に従う。

(2)　第1569条ないし第1586b条は、以下の場合に準用される。

　　1．第1303条、第1304条、第1306条、第1307条若しくは第1311条に違反した場合、又は第1314条第２項第１号若しくは第２号に定める場合において、婚姻締結時に、その婚姻が取り消し得るものであることを知らなかった婚姻当事者のために、又は第1314条第２項第３号若しくは第４号に定める場合において、婚姻の他方当事者によって欺罔若しくは強迫された婚姻当事者、又は欺罔若しくは強迫につき婚姻の他方当事者が悪意であった場合における婚姻当事者のために、準用される。

　　2．第1306条、第1307条又は第1311条に違反した場合において、婚姻の両当事者がその婚姻が取消し得るものであることを知っていたとき、婚姻の両当事者のために、これらの規定が準用される。ただし、第1306条に違反した場合において、婚姻の一方当事者の扶養請求権が第三者の扶養請求権を害するときは、この限りでない。

　　婚姻当事者に共通の子の養育又は教育のための扶養に関する規定は、扶養を否定することが子の利益に鑑みて著しく不当である場合に限り、準用される。

(3)　第1363条ないし第1390条及び第1587条は、婚姻締結時の事情に鑑みて、又は第1306条に違反した場合には第三者の利益に鑑みて、著しく不当でない限り、準用される。

(4)　第1568a条及び第1568b条は準用される。その際には、とりわけ婚姻締結時の事情に、第1306条に違反した場合には第三者の利益に、配慮しなければならない。

(5)　第1931条は、第1304条、第1306条、第1307条、若しくは第1311条に違反した場合、又は第1314条第２項第１号に定める場合において、婚姻締結時にその婚姻が取り消し得るものであることを知っていた婚姻当事者のためには適用されない。

第4節　死亡宣告後の再婚

第1319条　前婚の取消し

(1)　婚姻の一方当事者が死亡を宣告された後に、他方当事者が新たに婚姻をした場合において、死亡宣告を受けた者がなお生存していたときは、後婚は、後婚の両当事者が、婚姻締結時において、死亡宣告を受けた者が死亡宣告時になお生存していたことを知っていた場合に限り、第1306条違反を理由に取り消すことができる。

(2)　後婚の締結によって、前婚は解消される。ただし、後婚の両当事者が、婚姻締結時において、死亡宣告を受けた者が死亡宣告時になお生存していたことを知っていた場合は、この限りでない。死亡宣告が取り消された場合にも、前婚は解消されたままである。

第1320条　後婚の取消し

(1)　死亡宣告を受けた婚姻の一方当事者がなお生存しているときは、他方当事者は、前条にかかわらず、後婚の取消しを求めることができる。ただし、その者が婚姻締結時において、死亡宣告を受けた者が死亡宣告時になお生存していたことを知っていたときは、この限りでない。後婚の取消しは、1年以内に限り求めることができる。この期間は、死亡宣告を受けた婚姻の一方当事者がなお生存していることを前婚の他方当事者が知った時から進行する。第1317条第1項第3文及び第2項は準用される。

(2)　後婚の取消しの効果については、第1318条が準用される。

第1321条から第1352条　　（削除）

第5節　婚姻の一般的効力

第1353条　婚姻生活共同体

(1)　婚姻は、異性又は同性の二人の者によって、生涯にわたり締結される。婚姻の両当事者は、互いに婚姻生活共同体を形成する義務を負う。婚姻の両当事者は、互いに責任を負う。

(2)　婚姻の一方当事者は、他方当事者が婚姻生活共同体を形成するよう要求す

る場合において、その要求が権利の濫用となるとき、又は婚姻が破綻しているときには、その要求に従う義務を負わない。

第1354条　（削除）

第1355条　婚氏

(1)　婚姻の両当事者は、共通の家族氏（婚氏）を定めるものとする。婚姻の両当事者は、自ら定めた婚氏を称する。婚姻の両当事者が婚氏を定めないときには、婚姻締結時に称していた氏を婚姻締結後も称する。

(2)　婚姻の両当事者は、身分登録官に対する意思表示により、婚姻の一方当事者の出生氏、又は婚姻の一方当事者が婚氏を定める意思表示の時点で称していた氏を婚氏として定めることができる。

(3)　婚氏の決定に関する意思表示は、婚姻締結時になされるものとする。意思表示が事後的になされる場合には、その意思表示は、公に認証されなければならない。

(4)　その氏が婚氏にならない婚姻の一方当事者は、身分登録官に対する意思表示により、出生氏、又は婚氏を定める意思表示の時点で称していた氏を、婚氏の前又は後に付加することができる。ただし、婚氏が複数の氏からなる場合は、この限りではない。婚姻の一方当事者の氏が複数の氏からなる場合は、そのうちの一つの氏のみを付加することができる。この意思表示は、身分登録官に対して撤回することができる。この場合に、第１文に基づく新たな意思表示をすることは許されない。意思表示のうち、婚姻締結時にドイツの身分登録官に対してなされるのではないもの、及び撤回は、公に認証されなければならない。

(5)　死亡によって婚姻が解消した婚姻当事者又は離婚した婚姻当事者は、婚氏を保持する。その者は、身分登録官に対する意思表示により、出生氏、若しくは婚氏の決定まで称していた氏を再び称すること、又は、出生氏、若しくは婚氏の決定まで称していた氏を婚氏の前若しくは後に付加することができる。前項は準用される。

(6)　出生氏とは、身分登録局に対する意思表示の時点において、婚姻当事者の

出生証明書に登録されているべき氏をいう。

第1356条　家政の遂行、所得活動

⑴　婚姻の両当事者は、双方の合意により、家政を遂行する。家政の遂行が婚姻の一方当事者に委ねられている場合は、その者は、自己の責任において家政を遂行する。

⑵　婚姻の両当事者は、所得活動をする権利を有する。婚姻の両当事者は、所得活動の選択及び実行において、婚姻の他方当事者及び家族の利益に相当の配慮を払わなければならない。

第1357条　生活の必要性を満たすための行為

⑴　婚姻の各当事者は、家族の生活の必要性を相応に満たすための行為を、婚姻の他方当事者に対しても効果が生ずるように行う権限を有する。婚姻の両当事者は、特段の事情がない限り、そのような行為によって権利を取得し、義務を負う。

⑵　婚姻の一方当事者は、他方当事者が自己に対して効果を生じさせる行為をする権利を制限し、又は排除することができる。この制限又は排除をするのに十分な理由がないときは、家庭裁判所は、申立てによりそれを取り消すことができる。第三者に対しては、この制限又は排除は、第1412条の定めるところに従ってのみ、効力を生ずる。

⑶　第1項は、婚姻の両当事者が別居している場合には、適用されない。

第1358条　健康の配慮の事務に関する婚姻の両当事者による相互の代理

⑴　婚姻の一方当事者が、意識不明又は疾病によりその健康の配慮の事務を法的に処理できないときは（代理される婚姻当事者）、婚姻の他方当事者（代理する婚姻当事者）は、代理される婚姻当事者のために、次に掲げる行為をする権限を有する。

　１．健康状態の検査、治療行為若しくは医的侵襲について同意すること又はこれを拒否すること、及び医師の説明を受けること。

　２．診療契約、入院契約又は急を要するリハビリテーション及び介護の措置に関する契約を締結し、履行させること。

3．措置の期間が個別事案について6週間を超えない限りにおいて、第1831条第4項に定める措置について決定すること。

4．代理される婚姻当事者が発病を原因として第三者に対して有する請求権を行使し、第2号に定める契約上の給付提供者に譲渡すること、又はこの者に対する支払を求めること。

(2)　前項の要件のもとで前項第1号ないし第4号に掲げる事務に関して、治療にあたる医師は、代理する婚姻当事者に対して守秘義務を免除される。代理する婚姻当事者は、これらの事務に関係する診療記録を閲覧し、その第三者への開示を許可することができる。

(3)　次に掲げるいずれかの場合には、第1項及び前項による権限は付与されない。

1．婚姻の両当事者が別居しているとき。

2．代理する婚姻当事者又は治療にあたる医師が次に掲げるいずれかのことを知っているとき。

　　a)　代理される婚姻当事者が第1項第1号ないし第4号に掲げる事務における婚姻の他方当事者による代理を拒絶していること。

　　b)　代理される婚姻当事者が、代理権が第1項第1号ないし第4号に掲げる事務を含む限りにおいて、事務の実施のために代理権を他の者に授与したこと。

3．世話人の職務範囲に第1項第1号ないし第4号に掲げる事務が含まれる限りにおいて、代理される婚姻当事者について世話人が選任されているとき。

4．第1項に定める要件がもはや充足されないとき、又は医師によって第4項第1文第1号により定められた時点から6か月以上が経過したとき。

(4)　代理権行使の相手方である医師は、次に掲げる事項をしなければならない。

1．第1項の要件が充足されていること及びそれが最終的に充足された時点を書面で確認すること。

２．代理する婚姻当事者に対して、第１項に定める要件が充足されていること及び前項に定める排除事由が存在しないことを書面で表示して、第１号による確認を行うこと。

３．代理する婚姻当事者に次に掲げる事項を書面で保証させること。

a) 婚姻の他方当事者がその健康の配慮の事務を法的に処理できない原因としての意識不明又は疾病を理由とする代理権が、これまで行使されていなかったこと。

b) 前項に定める排除事由が存在しないこと。

本項第１文第１号による確認及び同第１文第３号による保証に関する文書は、代理する婚姻当事者に対して今後の代理権行使のために交付しなければならない。

⑸ 本条に定める代理権は、第１項第１号ないし第４号に掲げる事務をその職務範囲に含む世話人が選任された後は、行使することができない。

⑹ 第1821条第２項ないし第４項、第1827条第１項ないし第３項、第1828条第１項及び第２項、第1829条第１項ないし第４項、並びに第1831条第２項との関連における第４項は、準用される。

第1359条　注意義務の範囲

婚姻の両当事者は、婚姻関係から生ずる義務の履行において、自己の事務について通常用いるのと同じ注意の範囲でのみ、相互に責任を負う。

第1360条　家族を扶養する義務

婚姻の両当事者は、その労働及び財産をもって、家族を相応に扶養する義務を相互に負う。婚姻の一方当事者に家政の遂行が委ねられている場合には、その者は、通常、家政を遂行することで、労働によって家族の扶養に寄与する義務を履行する。

第1360a条　扶養義務の範囲

⑴ 家族に対する相応の扶養は、家政の費用を賄い、婚姻当事者の個人的な欲求及び扶養の権利を有する共通の子の生活の必要性を満たすために、婚姻の両当事者の状況に応じて必要とされる全てのものを含む。

(2)　扶養は、婚姻生活共同体にとって相当な方法でなされなければならない。婚姻の両当事者は、互いに、家族の共同の扶養のために必要な金銭を、相当な期間、前もって自由に使えるようにしておく義務を負う。

(3)　血族の扶養義務について適用される第1613条ないし第1615条の規定は、準用される。

(4)　婚姻の一方当事者が個人的な事項に関する争訟の費用を負担できないときは、婚姻の他方当事者は、その者に対して、衡平にかなう限りにおいて、この費用を前払いする義務を負う。婚姻の一方当事者に対して開始された刑事裁判における弁護士費用についても同様である。

第1360b条　過剰給付

婚姻の一方当事者が、家族の扶養のためにその者に課せられた以上の金額を支払う場合において、その者は、いずれか不明であれば、婚姻の他方当事者に対して補償を求める意図がないものと推定される。

第1361条　別居の場合の扶養

(1)　婚姻の両当事者が別居しているときは、婚姻の一方当事者は、他方当事者に対して、婚姻の両当事者の生活状況、収入及び財産状態に相応する扶養を請求することができる。身体又は健康被害の結果として生じた費用については、第1610a条が適用される。別居している婚姻当事者間において離婚訴訟が係属しているときは、訴訟が係属した時点から、老齢及び稼働能力低下のための相当な保険の費用も、扶養に含まれる。

(2)　所得活動をしていない婚姻当事者は、その個人的な事情、特に婚姻期間を考慮した上での過去の所得活動、及び婚姻の両当事者の経済状態に照らして、その者に期待され得る場合においてのみ、自ら所得活動によって生活費を稼ぐよう求められ得る。

(3)　著しい不衡平を理由とする扶養の制限又は排除に関する第1579条第2号ないし第8号の規定は、準用される。

(4)　継続する扶養は、定期金の支払によりなされるものとする。定期金は、毎月事前に支払われなければならない。権利者が月の途中で死亡した場合に

も、扶養義務者は、月額全部を負担する。第1360a条第３項及び第４項、前条、並びに第1605条は、準用される。

第1361a条　別居の場合の家財の分割

⑴　婚姻の両当事者が別居している場合には、婚姻の各当事者は、他方当事者に対して、自己に属する家財の返還を求めることができる。ただし、その婚姻当事者は、他方当事者が別家政を遂行するのにその家財を必要とし、かつ、それが事案の諸事情によれば衡平にかなう限りにおいて、その家財を婚姻の他方当事者の使用に供する義務を負う。

⑵　婚姻の両当事者の共有に属する家財は、衡平の原則に従い、婚姻の両当事者の間で分割される。

⑶　婚姻の両当事者が合意できない場合には、管轄裁判所が決定する。管轄裁判所は、家財の使用について相当な補償を定めることができる。

⑷　家財の所有関係は、婚姻の両当事者が別段の合意をしない限り、変更されない。

第1361b条　別居の場合の婚姻住居

⑴　婚姻の両当事者が互いに別居している場合又は婚姻の一方当事者が別居しようとする場合には、婚姻の一方当事者は、婚姻の他方当事者の利益に配慮しても、不当な苛酷状態を避けるためにそれが必要な限りにおいて、婚姻の他方当事者に対して婚姻住居又はその一部を単独での使用に供するよう請求することができる。不当な苛酷状態は、その家庭で生活する子の福祉が侵害される場合にも存在し得る。婚姻住居が立っている土地の所有権、地上権又は用益権が、婚姻の一方当事者に単独で帰属している場合、又は婚姻の一方当事者と第三者に共同で帰属している場合には、このことに特に配慮しなければならない。建物区分所有権、継続的居住権、及び物権的居住権についても同様である。

⑵　申立ての相手方である婚姻の一方当事者が、婚姻の他方当事者に対して、違法かつ故意にその身体、健康、自由若しくは性的自己決定を侵害し、又は以上の侵害若しくは生命の侵害をもって違法に強迫した場合には、通常、住

居全部が単独使用に供されるものとする。住居引渡請求権は、さらなる侵害及び違法な強迫のおそれがない場合に限り、排除される。ただし、行為の重大性ゆえに、侵害された婚姻の一方当事者に、他方当事者とのこれ以上の共同生活を期待することができない場合には、この限りでない。

(3) 婚姻住居の全部又は一部が婚姻の一方当事者に引き渡された場合には、婚姻の他方当事者は、この使用権の行使を困難にし、又は意味を失わせるようなことを一切してはならない。その者は、衡平にかなう限りにおいて、使用権を有する婚姻の一方当事者に対して、使用に対する対価を請求することができる。

(4) 第1567条第1項に定める婚姻の両当事者の別居後に、婚姻の一方当事者が婚姻住居を退去しており、かつ、退去から6か月以内に、婚姻の他方当事者に対して真摯な帰還の意思を告知しなかった場合には、その者は、婚姻住居に留まる婚姻の他方当事者に単独の使用権を与えたものとみなされる。

第1362条　所有権の推定

(1) 婚姻の一方当事者又は両当事者が占有している動産は、婚姻の一方当事者の債権者の利益のために、債務者に属するものと推定される。ただし、婚姻の両当事者が別居し、かつ、その物を債務者ではない婚姻の一方当事者が占有している場合には、この推定は及ばない。無記名証券及び白地裏書された指図証券は、動産とみなされる。

(2) 婚姻の一方当事者が排他的に個人で使用するように定められた物については、婚姻の当事者相互の関係及び債権者に対する関係において、その物を使用することが定められた婚姻の一方当事者に属するものと推定される。

第6節　婚姻財産制
第1款　法定財産制
第1363条　剰余共同制

(1) 婚姻の両当事者は、婚姻財産契約により別異の合意をしないときには、剰余共同制の財産状態において生活するものとする。

(2)　婚姻の両当事者の各自の財産は、その共有財産とはならない。婚姻締結後に婚姻の一方当事者が取得する財産についても同様である。ただし、婚姻継続中に婚姻の両当事者が取得する剰余は、剰余共同制が終了するときに清算されるものとする。

第1364条　財産管理

婚姻の各当事者は、その財産を独立して管理する。ただし、婚姻の各当事者は、その財産の管理において、以下の諸規定の定めるところに従い制限を受ける。

第1365条　全財産の処分

(1)　婚姻の一方当事者は、婚姻の他方当事者の同意を得てのみ、その全財産を処分する義務を負うことができる。婚姻の一方当事者が、婚姻の他方当事者の同意なしにその義務を負った場合には、婚姻の他方当事者が同意するときのみ、その義務を履行することができる。

(2)　法律行為が通常の財産管理の諸原則に適合している場合において、婚姻の他方当事者が十分な理由なしに同意を拒否し、又は疾病若しくは不在のために意思表示をすることが妨げられ、かつ、遅延により危険を生ずるときは、家庭裁判所は、婚姻の一方当事者の申立てにより、婚姻の他方当事者の同意を代行することができる。

第1366条　契約の追認

(1)　婚姻の一方当事者が、婚姻の他方当事者による必要な同意なしに締結した契約は、婚姻の他方当事者が契約を追認する場合には有効である。

(2)　追認がなされるまでは、第三者は契約を撤回することができる。第三者が、契約をした婚姻当事者が婚姻していることを知っていた場合には、その婚姻当事者が真実に反して婚姻の他方当事者が同意した旨を述べていた場合にのみ、撤回することができる。この場合においても、第三者は、契約締結時に婚姻の他方当事者が同意していなかったことを知っていたときは、撤回することができない。

(3)　第三者が婚姻の一方当事者に対して、婚姻の他方当事者による必要な追認

を得るよう催告する場合には、婚姻の他方当事者は第三者に対してのみ、追認の意思表示をすることができる。婚姻の他方当事者が、催告の前に既に婚姻の一方当事者に対して意思表示をしていた場合、その意思表示は無効である。追認は、催告を受けた時から2週間内にのみすることができる。追認がなされない場合には、追認が拒否されたものとみなされる。家庭裁判所が追認を代行する場合には、その決定は、婚姻の一方当事者がこれを第三者に2週間の期間内に通知するときにのみ有効となる。そうでなければ、追認は拒否されたものとみなされる。

(4) 追認が拒否される場合には、契約は無効である。

第1367条 単独行為

必要な同意なしになされる単独行為は、無効である。

第1368条 無効の主張

婚姻の一方当事者が婚姻の他方当事者の必要な同意なしに自己の財産を処分した場合には、婚姻の他方当事者もまた処分の無効により生ずる権利を第三者に対して裁判上主張する権利を有する。

第1369条 家財の処分

(1) 婚姻の一方当事者は、その者に属する婚姻上の家財については、婚姻の他方当事者が同意する場合に限り、処分し、かつ、処分する義務を負うことができる。

(2) 家庭裁判所は、婚姻の他方当事者が十分な理由なしに同意を拒否し、又は、病気若しくは不在により意思表示をすることが妨げられている場合には、婚姻の一方当事者の申立てにより、婚姻の他方当事者の同意を代行することができる。

(3) 第1366条ないし前条の規定は、準用される。

第1370条 （削除）

第1371条 死亡における剰余の清算

(1) 婚姻財産制が婚姻の一方当事者の死亡により終了した場合には、剰余の清算は、婚姻の生存当事者の法定相続分を4分の1引き上げることにより行

う。この場合において、婚姻の両当事者が個別の事案において剰余を得ていたか否かは考慮されない。

(2) 婚姻の生存当事者は、相続人にならず、かつ、遺贈を受けていない場合には、第1373条ないし第1383条及び第1390条の規定により剰余の清算を請求することができる。この場合において、婚姻の生存当事者の遺留分又は他の遺留分権利者の遺留分は、婚姻当事者の引き上げられていない法定相続分に基づいて算定する。

(3) 婚姻の生存当事者は、相続を放棄した場合において、相続法の規定によれば遺留分が与えられないときにも、剰余の清算に加えて、遺留分を請求することができる。ただし、婚姻の生存当事者が婚姻の他方当事者との契約により、その法定相続権又は遺留分権を放棄していた場合は、この限りではない。

(4) 婚姻の死亡当事者の相続人たる直系卑属が、その当事者の死亡によって解消された婚姻から生まれたものではない場合において、婚姻の生存当事者は、この直系卑属が必要とする限り、第1項により追加的に与えられる4分の1の相続分から、相応の教育のための資金を直系卑属に与える義務を負う。

第1372条　その他の場合における剰余の清算

婚姻の一方当事者の死亡とは別の事由により婚姻財産制が終了した場合には、第1373条ないし第1390条の規定により剰余が清算される。

第1373条　剰余

剰余とは、婚姻の一方当事者の最終財産が当初財産を超える差額である。

第1374条　当初財産

(1) 当初財産は、婚姻財産制の開始時において、債務を控除した後に婚姻の各当事者に属する財産である。

(2) 婚姻の各当事者が、婚姻財産制の開始後に、死亡を原因として若しくは将来の相続権を考慮して、又は、贈与により若しくは独立資金として取得する財産は、諸事情を考慮して所得に算入すべきでない限り、債務を控除した後

に、当初財産に算入するものとする。

(3) 債務は、積極財産の額を超えて控除することができる。

第1375条 最終財産

(1) 最終財産は、婚姻財産制の終了時において、債務を控除した後に、婚姻の各当事者に属する財産である。債務は、積極財産の額を超えて控除することができる。

(2) 婚姻の各当事者が婚姻財産制の開始後に、次に掲げるいずれかの行為をしたためにその財産が減少した額は、婚姻の各当事者の最終財産に算入するものとする。

　1．道徳的義務又は儀礼としての配慮に合致しない贈与をした場合

　2．財産を浪費した場合

　3．婚姻の他方当事者を害する意図をもって行為をした場合

　　婚姻の一方当事者の最終財産が、別居時に情報として提示した財産よりも少ない場合には、その婚姻当事者は、財産の減少が、本項第1号ないし第3号に定める行為によるものではないことを説明し、かつ、立証しなければならない。

(3) 減少した財産の額は、婚姻財産制の終了の10年以上前に減少が生じていた場合、又は婚姻の他方当事者が贈与若しくは浪費について同意していた場合には、最終財産に算入しないものとする。

第1376条 当初財産及び最終財産の評価

(1) 当初財産の算定は、婚姻財産制の開始時に存在する財産についてはその時点で有していた価額、当初財産に算入すべき財産については取得時点で有していた価額を基礎とする。

(2) 最終財産の算定は、婚姻財産制の終了時に存在する財産についてはその時点で有していた価額、最終財産に算入すべき財産の減少については財産の減少が生じた時点で有していた価額を基礎とする。

(3) 債務の算定においては、前二項の規定が準用される。

(4) 当初財産及び最終財産の算定の際に考慮されるべき農業経営又は林業経営

は、所有者が第1378条第1項による請求を受け、かつ、所有者又は直系卑属による経営の継続又は再開を期待することができる場合には、その収益の価額により評価するものとする。第2049条第2項の規定は適用される。

第1377条　当初財産の目録

(1)　婚姻の両当事者が、婚姻の一方当事者に属する当初財産の状態及び価額、並びにこの財産に加算すべき財産の状態及び価額を共同で目録に記載した場合には、婚姻の両当事者の間では、その目録が正しいものと推定される。

(2)　婚姻の各当事者は、婚姻の他方当事者に対して目録の作成の際に協力するよう求めることができる。目録の作成には、用益権に関する第1035条の規定が適用される。婚姻の各当事者は、対象財産及び債務の価額を自己の費用で鑑定人に算定させることができる。

(3)　目録が作成されない場合には、婚姻の一方当事者の最終財産が、その者の剰余を示すものと推定される。

第1378条　清算請求権

(1)　婚姻の一方当事者の剰余が婚姻の他方当事者の剰余を超える場合には、超過分の半分は、清算請求権として婚姻の他方当事者に帰属する。

(2)　清算請求権の額は、婚姻財産制の終了時に債務を控除した後に存在する財産の価額に限定される。清算請求権に関する本項第1文による制限は、第1375条第2項第1文の場合においては、最終財産に加算される額の分だけ引き上げられる。

(3)　清算請求権は、婚姻財産制の終了時に発生し、かつ、この時点から相続することができ、譲渡することができる。婚姻解消のための裁判手続中において、婚姻が解消された場合の剰余の清算について婚姻の両当事者がする合意は、公正証書によることを要する。第127a条は、婚姻事件の裁判手続において受訴裁判所にて調書に記載された合意にも適用される。婚姻当事者は、それ以外の場合に、婚姻財産制の終了前に、清算請求権を処分する義務を負うことはできない。

(4)　（削除）

第1379条　情報提供義務

(1)　婚姻財産制が終了した場合、又は婚姻の一方当事者が、離婚、婚姻の取消し、剰余共同制の事前解消時における剰余の事前清算、若しくは剰余共同制の事前解消を申し立てた場合には、婚姻の各当事者は、婚姻の他方当事者に対して、次に掲げる事項につき請求することができる。

　１．別居時点での財産に関する情報

　２．当初財産及び最終財産の算定の基準となる限りで、財産についての情報

　　婚姻の一方当事者の請求があれば、証拠書類を提出しなければならない。婚姻の各当事者は、第260条によって自らに提出されるべき目録の作成の際に立ち会うこと、並びに対象財産及び債務の価値を調査することを請求することができる。また、婚姻の各当事者は、自らの費用負担において、管轄官庁によって、又は、権限のある公務員若しくは公証人によって、目録が作成されるよう請求することができる。

(2)　婚姻の両当事者が別居している場合には、婚姻の各当事者は、婚姻の他方当事者に対して、別居時点での財産に関する情報提供を求めることができる。前項第２文ないし第４文は準用される。

第1380条　あらかじめ受領した財産の算入

(1)　婚姻の一方当事者の清算請求権には、生存者間の法律行為により、清算請求権に算入されるべきことを定めて、婚姻の一方当事者に対して他方当事者から出捐されたものが算入される。出捐の価額が、婚姻の両当事者の生活状況によれば通常の儀礼的贈与の価額を超える場合において、いずれか不明であるときは、その出捐は、清算請求権に算入されるものと推定される。

(2)　出捐の価額は、清算請求権の算定の際に、出捐をした婚姻当事者の剰余に加算される。その価額は、出捐の時点を基準として定められる。

第1381条　著しい不衡平による給付拒絶

(1)　債務者は、事案の諸事情に鑑みて著しく不衡平となるであろう場合に限り、清算請求権の履行を拒絶することができる。

(2)　著しい不衡平は、特に、より少ない剰余を得た婚姻当事者が、婚姻関係か

ら生ずる経済的な義務を、長期間にわたって、その責めに帰すべき事由により履行しなかった場合に認められ得る。

第1382条　支払猶予

⑴　家庭裁判所は、申立てにより、債権者の利益を考慮しても即時の支払が時宜を得ない時期になされることになるであろう場合には、債務者が争わない限り、清算請求権の支払を猶予する。即時の支払は、共通の子の居住の状況又はその他の生活状況を継続的に悪化させるであろう場合にも、時宜を得ない時期になされるものとされる。

⑵　支払が猶予された清算請求権については、債務者が利息を負担しなければならない。

⑶　家庭裁判所は、申立てにより、支払を猶予された清算請求権のために債務者が担保を供すべきことを命じることができる。

⑷　利息の額及び支払期限、並びに、担保提供の方法及び範囲については、家庭裁判所が衡平な裁量により決定する。

⑸　清算請求権について争訟が係属中である限り、債務者はこの裁判手続においてのみ、支払猶予の申立てをすることができる。

⑹　家庭裁判所は、裁判の後に、事情に本質的な変更が生じた場合は、申立てにより、確定した裁判を取り消し、又は、変更することができる。

第1383条　対象財産の引渡し

⑴　家庭裁判所は、債権者にとって著しい不衡平を回避するために必要であり、かつ、そうすることが債務者に期待できる場合には、債権者の申立てにより、債務者がその財産中の特定の対象財産を清算請求権に算入して債権者に引き渡すよう命じることができる。清算請求権に算入される額は、裁判において定めるものとする。

⑵　債権者は、引渡しを求める対象財産を申立てにおいて示さなければならない。

⑶　前条第5項は準用される。

第1384条　離婚の際の剰余の算定時点及び清算請求権の額

婚姻が離婚により解消される場合において、剰余の算定及び清算請求権の額については、婚姻財産制の終了時点に代えて、離婚の申立てが係属した時点を基準とする。

第1385条　剰余共同制の事前解消における清算請求権者である婚姻当事者の剰余の事前清算

清算請求権者である婚姻当事者は、次に掲げるいずれかの場合には、剰余共同制の事前解消における剰余の事前清算を請求することができる。

1．婚姻の両当事者が３年以上別居しているとき。

2．第1365条又は第1375条第２項に掲げる態様の行為がなされるおそれがあり、かつ、それにより清算請求権の履行について重大な危険が生じるおそれがあるとき。

3．婚姻の他方当事者が、婚姻関係から生じる経済的な義務を、長期間にわたって、有責に履行せず、かつ、将来も履行しないと認められるとき。

4．婚姻の他方当事者が、その財産状態について、清算請求権者である婚姻当事者に通知することを、十分な理由なく頑なに拒否しているとき、又は、情報提供の申立てがなされるまでの間に十分な理由なくこれを頑なに拒否したとき。

第1386条　剰余共同制の事前解消

婚姻の各当事者は、前条の準用により剰余共同制の事前解消を請求することができる。

第1387条　剰余の事前清算又は剰余共同制の事前解消における剰余の算定時点及び清算請求権の額

第1385条及び前条の場合において、剰余の算定及び清算請求権の額については、婚姻財産制の終了時点に代えて、それに対応する申立てがなされた時点を基準とする。

第1388条　別産制の開始

剰余共同制を事前に解消する裁判の確定によって、別産制が開始する。

第1389条　（削除）

第1390条 清算請求権者の第三者に対する請求

(1) 清算請求権者である婚姻当事者は、次に掲げる場合には、清算義務者である婚姻当事者による第三者への贈与の価額の代償を、第三者に対して請求することができる。

1. 清算義務を負う婚姻当事者が、清算請求権者である婚姻当事者を害する意図をもって第三者に贈与をなし、かつ、

2. 清算請求権の額が、婚姻財産制の終了の際に、債務を控除した後、清算義務を負う婚姻当事者が有する財産の価額を超えるとき。

第三者が取得したものの価額の代償は、不当利得の返還に関する規定に従う。第三者は、取得したものを返還することで、支払を免れることができる。清算義務を負う婚姻当事者及び第三者は、連帯債務者として責任を負う。

(2) 婚姻当事者を害する意図を第三者が知っていた場合における他の法的行為についても同様とする。

(3) この請求権の消滅時効期間は、婚姻財産制の終了時から進行する。婚姻の一方当事者の死亡により婚姻財産制が終了するときは、他方当事者が相続又は遺贈を放棄して初めてこの請求権を行使することができる場合であっても、消滅時効の進行は停止しない。

(4) （削除）

第1391条から第1407条 （削除）

第2款 契約による婚姻財産制

第1目 総則

第1408条 婚姻財産契約、契約自由

(1) 婚姻の両当事者は、その婚姻財産制における関係を契約（婚姻財産契約）によって定めることができ、婚姻成立後も婚姻財産制を解消し、又は変更することができる。

(2) 婚姻の両当事者が、婚姻財産契約において年金調整について合意をした場合には、その限りで、年金調整法第6条及び第8条が適用されるものとす

る。

第1409条　契約自由の制限

　婚姻財産制は、もはや効力をもたない法、又は外国法を指定することによって定めることができない。

第1410条　方式

　婚姻財産契約は、当事者双方が同時に出席し、公証人の証書によって締結されなければならない。

第1411条　被世話人の婚姻財産契約

(1)　被世話人は、婚姻財産契約について同意権の留保が命じられている場合には、その世話人の同意を得てのみ、婚姻財産契約を締結することができる。世話人の同意は、剰余の清算が排除されるとき、若しくは制限されるとき、又は、財産共同制が合意されるとき、若しくは解消されるときは、世話裁判所の許可を要する。世話人は、行為能力を有する被世話人に代わって、婚姻財産契約を締結することはできない。

(2)　世話人は、行為能力のない婚姻当事者に代わって、婚姻財産契約を締結する。ただし、世話人は、財産共同制を合意し、又は解消することはできない。世話人は、世話裁判所の許可を得てのみ、婚姻財産契約を締結することができる。

第1412条　第三者に対する効力

(1)　婚姻の両当事者は、法定財産制を排除し、又は変更した場合には、法律行為がなされた時点において、婚姻財産契約が管轄のある区裁判所の婚姻財産制登録簿に登録され、又は第三者に知られていたときにのみ、第三者に対して、婚姻の一方当事者とその第三者との間でなされた法律行為について異議を申し立てることができる。婚姻の一方当事者と第三者との間で下され、確定した判決に対する異議は、争訟が係属した時点において、婚姻財産契約が登録され、又は第三者に知られていたときにのみ、申し立てることができる。

(2)　婚姻の両当事者が婚姻財産制登録簿に登録された婚姻財産制の諸関係の規

律を、婚姻財産契約によって解消し、又は変更するときも同様である。

第1413条　財産管理の委託の撤回

婚姻の一方当事者がその財産を婚姻の他方当事者の管理に委託するときは、その委託をいつでも撤回し得る権利は、婚姻財産契約によってのみ排除し、又は制限することができる。ただし、重大な事由による撤回は認められる。

第2目　別産制

第1414条　別産制の開始

婚姻の両当事者が法定財産制を排除したとき、又はそれを解消したときは、婚姻財産契約において別段の合意がなされない限り、別産制が開始する。剰余の清算が排除されたとき、又は財産共同制が解消されたときも同様である。

第3目　財産共同制

第3目の1　総則

第1415条　婚姻財産契約による合意

婚姻の両当事者が、婚姻財産契約により財産共同制の合意をしたときは、以下の諸規定が適用される。

第1416条　合有財産

⑴　婚姻の両当事者の各財産は、財産共同制により婚姻の両当事者の共同の財産となる（合有財産）。婚姻の一方当事者が財産共同制の継続中に取得した財産も合有財産に属する。

⑵　個々の財産は共同財産となり、法律行為によって譲渡されることを要しない。

⑶　土地登記簿に登記されている権利又は土地登記簿に登記され得る権利が共同財産となるときは、婚姻の各当事者は、婚姻の他方当事者に対して、登記簿の訂正に協力するよう求めることができる。船舶登録簿又は造船登録簿に登録されている権利が共同財産となるときも同様である。

第1417条　特別財産

⑴　特別財産は、合有財産には含まれない。

(2)　特別財産とは、法律行為によって譲渡することのできない財産である。

(3)　婚姻の各当事者は、自己の特別財産を独立して管理する。婚姻の各当事者は、特別財産を合有財産の計算において管理する。

第1418条　留保財産

(1)　留保財産は、合有財産に含まれない。

(2)　留保財産とは、以下の財産をいう。

　　1．婚姻財産契約により婚姻の一方当事者の留保財産と表示された財産

　　2．婚姻の一方当事者が死亡を原因として取得した財産であって、被相続人が終意処分によって、取得される財産を留保財産とする旨を定めた場合、又は、婚姻の一方当事者が第三者から贈与された財産であって、第三者が贈与時に、取得される財産を留保財産とする旨を定めた場合

　　3．婚姻の一方当事者が、自らの留保財産に属する権利に基づいて、留保財産に属する財産の滅失、損傷、若しくは収奪に対する代償として、又は留保財産に関する法律行為により、取得する財産

(3)　婚姻の各当事者は、留保財産を独立して管理する。婚姻の各当事者は、自己の計算において留保財産を管理する。

(4)　対象財産が留保財産に属する場合には、第1412条の定めるところに従ってのみ、第三者に対してその効力を生ずる。

第1419条　合有関係

(1)　婚姻当事者は、合有財産についての自己の持分、及び合有財産に属する個々の財産についての自己の持分を処分することができない。婚姻当事者は、分割を請求する権利を持たない。

(2)　合有財産に属する債権については、債務者は、合有財産からその弁済を請求し得る債権によってのみ相殺することができる。

第1420条　扶養のための使用

　　合有財産に含まれる収入は、留保財産に含まれる収入に優先して、合有財産の元本は、留保財産又は特別財産の元本に優先して、家族の扶養のために使用されるものとする。

第1421条　合有財産の管理

　婚姻の両当事者は、財産共同制を合意する婚姻財産契約において、婚姻の両当事者のいずれが合有財産を管理するか、又は婚姻の両当事者が共同で管理するかについて定めるものとする。この点について婚姻財産契約において定めがなされない場合には、婚姻の両当事者が合有財産を共同で管理する。

第３目の２　婚姻の一方当事者による合有財産の管理

第1422条　管理権の内容

　合有財産を管理する婚姻当事者は、合有財産に属する物を占有し、合有財産を処分する権限を有する。合有財産を管理する婚姻当事者は、合有財産に関する争訟を自己の名において遂行する。婚姻の他方当事者は、管理行為により個人的な義務を負わない。

第1423条　合有財産の全部の処分

　合有財産を管理する婚姻当事者は、婚姻の他方当事者の同意を得てのみ、合有財産の全部の処分をする義務を負うことができる。合有財産を管理する婚姻当事者は、婚姻の他方当事者の同意を得ずにこのような義務を負った場合には、婚姻の他方当事者が同意したときにのみ、義務を履行することができる。

第1424条　土地、船舶、又は船舶工作物の処分

　合有財産を管理する婚姻当事者は、婚姻の他方当事者の同意を得てのみ、合有財産に属する土地を処分することができる。合有財産を管理する婚姻当事者は、このような処分について婚姻の他方当事者の同意を得てのみ、義務も負うことができる。登録された船舶又は船舶工作物が合有財産に属するときについても同様である。

第1425条　贈与

(1)　合有財産を管理する婚姻当事者は、婚姻の他方当事者の同意を得てのみ、合有財産から財産の贈与をすることができる。合有財産を管理する婚姻当事者は、婚姻の他方当事者の同意を得ずに合有財産から財産を贈与することを約した場合には、婚姻の他方当事者が同意したときにのみ、この約束を履行することができる。合有財産に関しない贈与の約束についても同様である。

(2)　道徳的義務又は儀礼としての配慮に基づく贈与については、この限りでない。

第1426条　婚姻の他方当事者の同意の代行

　　第1423条及び第1424条によって、婚姻の他方当事者の同意を得てのみすることのできる法律行為が、合有財産の通常の管理のために必要である場合において、婚姻の他方当事者が十分な理由なく同意を拒否し、又は疾病若しくは不在のために意思表示をすることが妨げられ、かつ、遅延により危険を生ずるときには、家庭裁判所は、申立てにより、婚姻の他方当事者の同意を代行することができる。

第1427条　同意の欠如の法的効果

(1)　合有財産を管理する婚姻当事者が、婚姻の他方当事者の必要な同意を得ずに法律行為をしたときは、第1366条第1項、第3項及び第4項並びに第1367条の諸規定が準用される。

(2)　第三者は、追認がなされるまでは契約を撤回することができる。第三者は、婚姻当事者が財産共同制のもとで生活していることを知っていた場合には、その婚姻当事者が、婚姻の他方当事者が同意したとの虚偽の主張をしたときにのみ撤回することができる。この場合においても、第三者は、契約締結時に、婚姻の他方当事者が同意していなかったことを知っていたときは、撤回することができない。

第1428条　同意を欠く処分

　　合有財産を管理する婚姻当事者が、婚姻の他方当事者の必要な同意を得ずに合有財産に属する権利を処分したときは、婚姻の他方当事者は、裁判上第三者に対してその権利を主張することができる。この場合に、合有財産を管理する婚姻当事者がこれに協力することを要しない。

第1429条　緊急管理権

　　合有財産を管理する婚姻当事者が、疾病又は不在により合有財産に関する法律行為をすることが妨げられる場合において、遅延による危険が生ずるときは、婚姻の他方当事者が法律行為をすることができる。この場合に、婚姻の他

方当事者は、自己の名において、又は管理をしている婚姻当事者の名において、行為することができる。合有財産に関する争訟の遂行についても同様である。

第1430条 管理者の同意の代行

婚姻の一方当事者が個人的事項の通常の処理のためにしなくてはならないが、合有財産を管理する婚姻の他方当事者の同意を得なければ合有財産に対する効力をもたない法律行為について、婚姻の他方当事者が、十分な理由なく同意を拒否するときは、家庭裁判所は、申立てにより、同意を代行することができる。

第1431条 独立した所得活動

(1) 合有財産を管理する婚姻当事者は、婚姻の他方当事者が独立して所得活動をすることに同意を与えたときは、それに伴う法律行為及び争訟については、合有財産を管理する婚姻当事者の同意を要しない。所得活動に関する単独行為は、所得活動をする婚姻当事者に対してなされるものとする。

(2) 合有財産を管理する婚姻当事者が、婚姻の他方当事者が所得活動をしていることを知り、かつ、これに異議を述べなかったときは、同意したものとみなす。

(3) 異議の申立て及び同意の撤回は、第1412条の定めるところに従ってのみ第三者に対して効力を生ずる。

第1432条 相続財産の受領、及び契約の申込み又は贈与の拒絶

(1) 合有財産を管理しない婚姻当事者に相続財産又は遺贈の目的物が帰属したときは、その者のみが、相続財産又は遺贈の目的物を受領し又は拒絶する権利を有する。婚姻の他方当事者の同意を要しない。遺留分若しくは剰余の清算の放棄、又は、契約の申込み若しくは贈与の拒絶についても同様である。

(2) 合有財産を管理しない婚姻当事者は、その者に帰属した相続の目録を、婚姻の他方当事者の同意を得ずに作成することができる。

第1433条 争訟の継続

合有財産を管理しない婚姻当事者は、婚姻の他方当事者の同意を得ずに、財

産共同制の開始時に係属していた争訟を継続することができる。

第1434条　合有財産の不当利得

　婚姻の一方当事者が婚姻の他方当事者の必要な同意を得ずにした法律行為により、合有財産に利得が生じたときは、その利得は、不当利得に関する諸規定に従い、合有財産から返還されるものとする。

第1435条　管理者の義務

　婚姻当事者は、合有財産を適切に管理しなければならない。婚姻当事者は、婚姻の他方当事者に対して、管理について通知するとともに、その求めに応じて、管理の状態について情報を提供しなければならない。合有財産が減少した場合において、婚姻当事者が、その損失について有責であるとき、又は婚姻の他方当事者の必要な同意を得ずにした法律行為によって損失をもたらしたときには、合有財産に弁償をしなければならない。

第1436条　世話人による管理

　合有財産の管理が、婚姻の一方当事者の世話人の職務範囲に属するときは、世話人は、合有財産の管理から生ずる権利及び義務について、その婚姻当事者を代理しなければならない。婚姻の他方当事者が世話人に選任されているときも同様である。

第1437条　合有財産債務、個人責任

⑴　合有財産を管理する婚姻当事者の債権者のほか、第1438条ないし第1440条に別段の定めがない限り、婚姻の他方当事者の債権者も、合有財産からの弁済を請求することができる（合有財産債務）。

⑵　合有財産を管理する婚姻当事者は、婚姻の他方当事者の合有財産債務である債務について、自らも連帯債務者として責任を負う。この責任は、婚姻の両当事者間の関係においてその債務を婚姻の他方当事者が負うときは、財産共同制の終了により消滅する。

第1438条　合有財産の負担

⑴　合有財産は、財産共同制の継続中になされた法律行為から生じる債務について、合有財産を管理する婚姻当事者が法律行為をし、若しくは法律行為に

同意をしたとき、又はその同意なしにされた法律行為が合有財産について効力を生じるときにのみ、負担を負う。

(2) 争訟の費用については、合有財産は、判決が合有財産に対して効力を生じないときであっても、負担を負う。

第1439条　相続財産の取得に際しての合有財産の無負担

相続人である婚姻当事者が、合有財産を管理せず、かつ、財産共同制の継続中に留保財産又は特別財産として相続財産を取得した場合には、合有財産は、相続財産の取得によって生じる債務については負担を負わない。遺贈の目的物を取得したときも同様である。

第1440条　留保財産又は特別財産についての負担

財産共同制の継続中に留保財産若しくは特別財産に属する権利、又はそれらに属する物の占有によって、合有財産を管理しない婚姻当事者に個人的に生じた債務については、合有財産は、負担を負わない。ただし、その権利若しくは物が、合有財産を管理しない婚姻当事者が婚姻の他方当事者の同意を得て独立して行う所得活動に属するとき、又はその債務が、特別財産の負担に属するものであって、通常はその収入から支払われるべきときは、合有財産が負担を負う。

第1441条　内部関係における責任

婚姻の両当事者間の関係においては、次に掲げる合有財産債務は、それが発生したところの婚姻の一方当事者の負担となる。

1．財産共同制開始後にその婚姻当事者の不法行為から生じる債務、又はそのような行為によりその婚姻当事者に対して開始された刑事裁判から生じる債務

2．その婚姻当事者の留保財産又は特別財産に関する法律関係から生じる債務。それが財産共同制の開始前に生じたか、又は、その財産が留保財産若しくは特別財産となる以前に生じたものであっても、対象となる。

3．第1号及び前号に掲げる債務に関する争訟の費用

第1442条　特別財産及び所得活動の債務

前条第２号及び第３号の規定は、債務が、通常は収入から支払われるべき特別財産の負担に属するときは、適用されない。これらの規定は、債務が、合有財産の計算においてなされた所得活動の遂行により、又は、そのような所得活動に属する権利により若しくはそれに属する物の占有により生じたときにも、適用されない。

第1443条　裁判費用

(1)　婚姻の両当事者間の関係においては、婚姻当事者双方が共同で遂行する争訟の費用は、一般規則に従って費用を負担すべき婚姻当事者の負担となる。

(2)　合有財産を管理しない婚姻当事者が、第三者との間で争訟を遂行するときは、その争訟の費用は、婚姻の両当事者間の関係においては、その婚姻当事者の負担となる。ただし、判決が合有財産に対して効力を有するとき、又は、争訟がその婚姻当事者の個人的事項若しくは合有財産債務に関係し、かつ、費用の支出が諸事情を考慮して必要であるときは、その争訟の費用は、合有財産の負担となる。第1441条第３号及び前条の適用は妨げられない。

第1444条　子の独立資金の費用

(1)　合有財産を管理する婚姻当事者が、婚姻の両当事者の共通の子に合有財産から独立資金を与えることを約し、又は与えたときは、その独立資金は、合有財産に相応する程度を超える限りで、婚姻の両当事者間の関係において、その婚姻当事者の負担となる。

(2)　合有財産を管理する婚姻当事者が、婚姻の一方当事者の子に合有財産から独立資金を与えることを約し、又は与えたときは、その独立資金は、婚姻の両当事者相互の関係において、その子の父又は母の負担となる。ただし、合有財産を管理しない婚姻当事者については、その者が同意し、又はその独立資金が合有財産に相応する程度を超えない場合に限る。

第1445条　留保財産、特別財産及び合有財産の間での清算

(1)　合有財産を管理する婚姻当事者は、合有財産を、自己の留保財産又は特別財産に組み込んで使用するときは、使用した価額を、合有財産に弁償しなければならない。

⑵　合有財産を管理する婚姻当事者は、自己の留保財産又は特別財産を合有財産に組み込んで使用するときは、合有財産からの弁償を請求することができる。

第1446条　清算請求権の弁済期

⑴　合有財産を管理する婚姻当事者は、合有財産に対して負う債務について、財産共同制が終了するまでは履行する必要はない。合有財産を管理する婚姻当事者は、合有財産に対して請求すべきものについて、財産共同制が終了した後でなければ請求することができない。

⑵　合有財産を管理しない婚姻当事者は、合有財産に対して負う債務、又は、婚姻の他方当事者の留保財産若しくは特別財産に対して負う債務について、財産共同制が終了するまでは履行する必要はない。ただし、その婚姻当事者は、自己の留保財産及び特別財産がそのために十分である限り、前もって債務を弁済しなければならない。

第1447条　合有財産を管理しない婚姻当事者による財産共同制の解消の申立て

合有財産を管理しない婚姻当事者は、次のいずれかの場合において、財産共同制の解消を申し立てることができる。

１．婚姻の他方当事者が合有財産を管理することができず、又は合有財産を管理する権利を濫用するために、合有財産を管理しない婚姻当事者の権利に将来にわたり重大な危険を生じ得るとき。

２．婚姻の他方当事者が家族の扶養に寄与すべき義務を怠っており、かつ、扶養について将来にわたり重大な危険が憂慮されるとき。

３．合有財産が、婚姻の他方当事者自身に生じた債務のために、合有財産を管理しない婚姻当事者の今後の収入に重大な危険を生じさせるほど債務超過となっているとき。

４．合有財産の管理が、婚姻の他方当事者の世話人の職務範囲に属するとき。

第1448条　管理者による財産共同制の解消の申立て

合有財産が、婚姻の両当事者間の関係において婚姻の他方当事者が負担する債務のために、今後の収入に重大な危険を生じさせるほど債務超過となっているときは、合有財産を管理する婚姻当事者は、財産共同制の解消を申し立てることができる。

第1449条　裁判官による財産共同制解消の裁判の効果

(1)　裁判官による裁判の確定により、財産共同制は解消される。それ以後は、別産制が適用されるものとする。

(2)　第三者に対しては、財産共同制の解消は、第1412条の定めるところに従ってのみ効力を生ずる。

第３目の３　婚姻の両当事者による合有財産の共同管理

第1450条　婚姻の両当事者による共同管理

(1)　合有財産が婚姻の両当事者により共同で管理されるときは、婚姻の両当事者は、特に合有財産を処分し、合有財産に関する争訟を遂行するに当たって、共同でのみすることができる。合有財産に属する物の占有は、婚姻の両当事者に共同で帰属する。

(2)　意思表示が婚姻の両当事者に対してなされるべきときは、婚姻の一方当事者に対してなすことで足りる。

第1451条　婚姻当事者双方の協力義務

　婚姻の各当事者は、婚姻の相手方当事者に対して、合有財産の通常の管理に必要な措置に協力する義務を負う。

第1452条　同意の代行

(1)　合有財産の通常の管理のために法律行為をすること、又は争訟を遂行することを要する場合において、婚姻の他方当事者が十分な理由なく同意を拒否するときは、家庭裁判所は、婚姻の一方当事者の申立てにより、婚姻の他方当事者の同意を代行することができる。

(2)　前項の規定は、婚姻の一方当事者の個人的事項の通常の処理のために、婚姻の他方当事者の同意を得なければ合有財産に対する効力をもたない法律行為を要する場合にも適用される。

第1453条　同意を欠く処分

⑴　婚姻の一方当事者が、婚姻の他方当事者の必要な同意を得ずに合有財産の処分をしたときは、第1366条第1項、第3項及び第4項並びに第1367条の規定が準用される。

⑵　第三者は、追認されるまでは契約を撤回することができる。第三者は、婚姻当事者が財産共同制のもとで生活していることを知っていた場合においては、その婚姻当事者が、婚姻の他方当事者が同意したとの虚偽の主張をしたときにのみ撤回することができる。この場合においても、第三者は、契約締結時に、婚姻の他方当事者が同意していなかったことを知っていたときは、撤回することができない。

第1454条　緊急管理権

婚姻の一方当事者が、疾病又は不在により合有財産に関する法律行為における協力を妨げられる場合において、遅延による危険が生ずるときは、婚姻の他方当事者が法律行為をすることができる。この場合には、婚姻の他方当事者は、自己の名において、又は婚姻当事者双方の名において、行為することができる。合有財産に関する争訟の遂行についても同様である。

第1455条　婚姻の他方当事者の協力を要しない管理行為

婚姻の各当事者は、婚姻の他方当事者の協力がなくても、次に掲げる行為をすることができる。

１．自己に帰属した相続財産又は遺贈の目的物を受領又は拒絶すること。

２．自己の遺留分又は剰余の清算を放棄すること。

３．自己又は婚姻の他方当事者に帰属した相続財産について目録を作成すること。ただし、婚姻の他方当事者に帰属した相続財産がその留保財産又は特別財産に属する場合を除く。

４．自己に対してなされた契約の申込み又は贈与を拒絶すること。

５．婚姻の他方当事者に対して、合有財産に関する法律行為をすること。

６．合有財産に属する権利を、婚姻の他方当事者に対して裁判上行使すること。

7．財産共同制の開始時に係属していた争訟を継続すること。

8．婚姻の他方当事者が必要な同意を得ずに合有財産に属する権利を処分した場合に、その権利を第三者に対して裁判上行使すること。

9．合有財産への強制執行について、裁判上異議申立権を行使すること。

10．遅延により危険が生じる場合に、合有財産の維持のために必要な措置をとること。

第1456条　独立した所得活動

⑴　婚姻の一方当事者が、婚姻の他方当事者が独立して所得活動をすることに同意を与えたときは、それに伴う法律行為及び争訟については、その同意を要しない。所得活動に関する単独行為は、所得活動をする婚姻当事者に対してなされるものとする。

⑵　婚姻の一方当事者が、婚姻の他方当事者が所得活動をしていることを知り、かつ、これに異議を述べなかったときは、同意したものとみなす。

⑶　この異議及び同意の撤回は、第1412条の定めるところに従ってのみ第三者に対して効力を生ずる。

第1457条　合有財産の不当利得

　婚姻の一方当事者が婚姻の他方当事者の必要な同意を得ずにした法律行為により、合有財産について利得が生じたときは、その利得は、不当利得に関する諸規定に従い、合有財産から返還されるものとする。

第1458条　（削除）

第1459条　合有財産債務、個人責任

⑴　婚姻の一方当事者の債権者は、第1460条ないし第1462条により別段の定めがない限り、合有財産からの弁済を請求することができる（合有財産債務）。

⑵　合有財産債務について、婚姻の両当事者は、自らも連帯債務者として責任を負う。婚姻の両当事者間の関係において、婚姻の一方当事者が債務を負うときは、婚姻の他方当事者の債務は、財産共同制の終了により消滅する。

第1460条　合有財産の負担

⑴　合有財産は、財産共同制の継続中に婚姻の一方当事者がなした法律行為か

ら生じる債務について、婚姻の他方当事者が法律行為に同意したとき、又は
法律行為がその同意を得なくても合有財産について効力を生じるときにの
み、負担を負う。

(2)　争訟の費用については、合有財産は、判決が合有財産に対して効力を生じ
ないときであっても、負担を負う。

第1461条　相続財産の取得に際しての合有財産の無負担

婚姻の一方当事者が、財産共同制の継続中に留保財産若しくは特別財産とし
て、相続財産又は遺贈の目的物を取得した場合には、合有財産は、相続財産又
は遺贈の目的物を取得したことによって生じるその者の債務については負担を
負わない。

第1462条　留保財産又は特別財産についての負担

財産共同制の継続中に留保財産若しくは特別財産に属する権利、又はそれら
に属する物の占有によって生じた婚姻の一方当事者の債務については、合有財
産は負担を負わない。ただし、その権利若しくは物が、婚姻の一方当事者が婚
姻の他方当事者の同意を得て独立してする所得活動に属するとき、又はその債
務が、特別財産の負担に属するものであって、通常はその収入から支払われる
べきときは、合有財産が負担を負う。

第1463条　内部関係における責任

婚姻の両当事者間の関係においては、次に掲げる合有財産債務は、それが発
生したところの婚姻当事者の負担となる。

1．財産共同制開始後にその婚姻当事者がした不法行為から生じる債務、又
はそのような行為によりその婚姻当事者に対して開始された刑事裁判から
生じる債務

2．その婚姻当事者の留保財産又は特別財産に関する法律関係から生じる債
務。それが財産共同制の開始前に生じたか、又は、その財産が留保財産若
しくは特別財産となる以前に生じたものであっても、対象となる。

3．第1号及び前号に掲げる債務に関する争訟の費用

第1464条　特別財産及び所得活動の債務

前条第2号及び第3号の規定は、債務が、通常は収入から支払われるべき特別財産の負担に属するときは、適用されない。これらの規定は、債務が、合有財産の計算においてなされた所得活動の遂行により、又は、そのような所得活動に属する権利により若しくはそれに属する物の占有により生じたときにも、適用されない。

第1465条　裁判費用

(1)　婚姻の両当事者間の関係においては、婚姻当事者双方が共同で遂行する争訟の費用は、一般規則に従って費用を負担すべき婚姻当事者の負担となる。

(2)　婚姻の一方当事者が、第三者との間で争訟を遂行するときは、争訟の費用は、婚姻の両当事者間の関係においては、その争訟を遂行する婚姻当事者の負担となる。ただし、判決が合有財産に対して効力を有するとき、又は、争訟がその婚姻当事者の個人的事項若しくは合有財産債務に関わり、かつ、費用の支出が諸事情を考慮して必要であるときは、その争訟の費用は、合有財産の負担となる。第1463条第3号及び前条の適用は妨げられない。

第1466条　婚姻の一方当事者の子の独立資金の費用

　婚姻の両当事者間の関係においては、婚姻の一方当事者の子の独立資金の費用は、その子である父又は母が負担する。

第1467条　留保財産、特別財産及び合有財産の間での清算

(1)　婚姻の一方当事者が、合有財産を、自己の留保財産又は特別財産に組み込んで使用するときは、使用した価額を、合有財産に弁償しなければならない。

(2)　婚姻の一方当事者は、自己の留保財産又は特別財産を合有財産に組み込んで使用するときは、合有財産からの弁償を請求することができる。

第1468条　清算請求権の弁済期

　婚姻の一方当事者は、合有財産に対して負う債務、又は、婚姻の他方当事者の留保財産若しくは特別財産に対して負う債務について、財産共同制が終了するまでは履行する必要はない。ただし、その債務者である婚姻の当事者は、自己の留保財産及び特別財産が十分である限り、前もって債務を弁済しなければ

ならない。

第1469条　財産共同制の解消の申立て

婚姻の各当事者は、次のいずれかの場合においては、財産共同制の解消を申し立てることができる。

1．婚姻の他方当事者が、その者の協力を得ずに、共同でのみなし得る管理行為をしているために、その者の権利に将来にわたり重大な危険が生じ得るとき。

2．婚姻の他方当事者が、十分な理由なく合有財産の通常の管理への協力を頑なに拒否しているとき。

3．婚姻の他方当事者が家族の扶養に寄与すべき義務を怠っており、かつ、将来にわたり扶養を重大な危険にさらすことが懸念されるとき。

4．合有財産が、婚姻の他方当事者自身に生じ、かつ、婚姻の両当事者間の関係において婚姻の他方当事者が負担する債務のために、その婚姻当事者の今後の収入に重大な危険を生じさせるほど債務超過となっているとき。

5．財産共同制から生じる、婚姻の他方当事者の権利の実現が世話人の職務範囲に属するとき。

第1470条　裁判官による財産共同制解消の裁判の効果

(1)　裁判官による裁判の確定により、財産共同制は解消される。それ以後は、別産制が適用されるものとする。

(2)　第三者に対しては、財産共同制の解消は、第1412条の定めるところに従ってのみ効力を生ずる。

第3目の4　合有財産の分割

第1471条　分割の開始

(1)　婚姻の両当事者は、財産共同制の終了後に、合有財産を分割する。

(2)　合有財産が分割されるまでは、第1419条の規定が適用される。

第1472条　合有財産の共同管理

(1)　婚姻の両当事者は、分割までは、合有財産を共同で管理する。

(2)　婚姻の各当事者は、共同財産制の終了を知り、又は終了を知るべきときま

では、財産共同制の終了前と同様の方法で合有財産を管理することができる。第三者は、法律行為をするときに財産共同制が終了したことを知っていた、又は知っているべきであったときには、これを援用することができない。

(3) 婚姻の各当事者は、婚姻の他方当事者に対して、合有財産の通常の管理に必要な措置に協力する義務を負う。ただし、保存のために必要な措置は、婚姻の各当事者が単独ですることができる。

(4) 財産共同制が婚姻の一方当事者の死亡により終了した場合には、婚姻の生存当事者は、相続人が他の方法で処理することができるようになるまで、通常の管理に必要であり、かつ、危険なしには延期することができない行為をしなければならない。この義務は、婚姻の死亡当事者が合有財産を単独で管理していた場合には生じない。

第1473条　直接的な代償

(1) 合有財産に属する権利に基づいて、合有財産に属する財産の滅失、損傷、若しくは収奪に対する代償として、又は合有財産に関する法律行為によって取得する財産は、合有財産となる。

(2) 法律行為によって取得される債権が合有財産に属する場合には、債務者は、債権が合有財産に属することを知った段階で初めて、自己に対する請求に応ずればよい。第406条ないし第408の規定は準用される。

第1474条　分割の実行

婚姻の両当事者は、別段の合意をしない限り、第1475条ないし第1481条に従って分割を行う。

第1475条　合有財産債務の弁済

(1) 婚姻の両当事者は、まず合有財産債務を弁済しなくてはならない。債務がまだ弁済期にないとき、又は債務につき争いのあるときは、婚姻の両当事者は、債務の弁済のために必要な財産を留保しておかなければならない。

(2) 合有財産債務が、婚姻の両当事者間の関係においては婚姻の一方当事者の単独の負担とされている場合には、その者は、債務について合有財産からの

弁済を求めることはできない。

(3) 合有財産は、合有財産債務の弁済のために必要な範囲で換価することができる。

第1476条　残余財産の分割

(1) 合有財産債務の弁済後に残存する残余財産は、婚姻の両当事者に均分に帰属する。

(2) 婚姻の一方当事者が合有財産のために弁償しなければならないものは、その者の持分に算入しなくてはならない。婚姻の一方当事者は、この方法で弁償しない限り、婚姻の他方当事者に対してなお義務を負う。

第1477条　分割の実行

(1) 残余財産は、共同関係に関する規定に従って分割される。

(2) 婚姻の各当事者は、価額を弁償することによって、専ら個人使用のための物、とりわけ、服、装飾品及び仕事用具を引き取ることができる。婚姻の一方当事者が、財産共同制に持ち込んだ財産のほか、財産共同制の継続中に、相続により、遺贈により、若しくは将来の相続権を考慮して取得した財産、又は、贈与により若しくは独立資金として取得した財産についても同様である。

第1478条　離婚後の分割

(1) 分割が終了する前に、婚姻が離婚により解消された場合には、婚姻の一方当事者の請求により、各当事者に、その者が財産共同制に持ち込んだものの価額が償還されるものとする。合有財産の価額がこれに満たない場合には、不足する額は、婚姻の両当事者が、財産共同制に持ち込んだものの価額の割合に応じて負担するものとする。

(2) 以下の各号の財産は、財産共同制に持ち込まれたものとみなされる。

　1．財産共同制の開始時に婚姻の一方当事者に属していた財産

　2．婚姻の一方当事者が死亡を原因として若しくは将来の相続権を考慮して取得した財産、又は、贈与により若しくは独立資金として取得した財産。ただし、財産の取得がその状況に応じて収入とみられるべきであった場合

を除く。

  3．婚姻の一方当事者の死亡により消滅し、又は婚姻の一方当事者の死亡を
    その取得の条件とする権利

(3)　財産共同制に持ち込まれたものの価額は、持ち込まれた時点を基準として
    定められる。

第1479条　裁判官による解消の裁判後の分割

　財産共同制が、第1447条、第1448条又は第1469条に定める事由のために、裁
判官による裁判によって解消された場合には、裁判官による裁判において勝訴
した婚姻当事者は、合有財産の分割が、財産共同制の解消が申し立てられた時
点で分割請求が裁判上係属していた場合と同様に行われるよう求めることがで
きる。

第1480条　分割後の第三者に対する責任

　合有財産債務が弁済される前に合有財産が分割された場合には、分割の時点
では責任を負わなかった婚姻当事者も、連帯債務者として、債権者に対して責
任を負う。その婚姻当事者の責任は、その者に割り当てられた財産に制限され
る。相続人の責任に適用される第1990条及び第1991条の規定は準用される。

第1481条　婚姻の両当事者間の責任

(1)　婚姻の両当事者間の関係においては、合有財産の負担となる合有財産債務
    が弁済される前に、合有財産が分割された場合には、財産共同制の継続中に
    合有財産を単独で管理していた婚姻当事者は、婚姻の他方当事者に対して、
    その者が債務の半分を超えて請求されず、かつ、合有財産から取得したもの
    を超えて請求されないようにしなければならない。

(2)　婚姻の両当事者が、財産共同制の継続中に合有財産を共同で管理していた
    場合には、婚姻の各当事者は、婚姻の他方当事者に対して、その者が債権者
    から債務の半分を超えて請求されないようにしなければならない。

(3)　婚姻の両当事者間の関係においては、債務が婚姻の一方当事者の負担とな
    る場合には、その当事者は、婚姻の他方当事者に対して、その他方当事者が
    債権者から請求されないようにしなければならない。

第1482条　死亡による婚姻の解消

婚姻の一方当事者の死亡により婚姻が解消された場合には、婚姻の死亡当事者の合有財産に対する持分は、遺産に属する。婚姻の死亡当事者は、一般規則に従って相続される。

第3目の5　継続財産共同制

第1483条　継続財産共同制の開始

(1)　婚姻の両当事者は、婚姻財産契約によって、婚姻の一方当事者の死後に、婚姻の生存当事者とその共通の直系卑属との間で財産共同制を継続させる合意をすることができる。婚姻の両当事者がそのような合意をする場合には、財産共同制は、法定相続において相続人となる共通の直系卑属によって継続される。婚姻の死亡当事者の合有財産への持分は、遺産に属さない。その他の財産については、その婚姻当事者は、一般規則に従って相続される。

(2)　共通の直系卑属と並んで、他の直系卑属がいる場合には、その者の相続権及び相続分は、継続財産共同制が開始しなかったものとして定められる。

第1484条　継続財産共同制の拒否

(1)　婚姻の生存当事者は、財産共同制の継続を拒否することができる。

(2)　この拒否には、相続放棄について適用される第1943条ないし第1947条、第1950条、第1952条、第1954条ないし第1957条、及び第1959条が準用される。婚姻の生存当事者の世話人が拒否する場合には、世話裁判所の許可を要する。

(3)　婚姻当事者が財産共同制の継続を拒否するときは、第1482条の場合と同様とする。

第1485条　合有財産

(1)　継続財産共同制の合有財産は、第1483条第2項により持分を有しない直系卑属に帰属しない限り、婚姻継続中の合有財産から構成されるほか、婚姻の生存当事者が婚姻の死亡当事者の遺産から取得した財産、又は継続財産共同制の開始後に取得した財産から構成される。

(2)　共通の直系卑属が継続財産共同制の開始時に有する財産又は開始後に取得

する財産は、合有財産に属さない。

⑶　合有財産には、婚姻継続中の財産共同制に適用される第1416条第２項及び
第３項が準用される。

第1486条　留保財産、特別財産

⑴　婚姻の生存当事者の留保財産は、その者がそれまで留保財産として有して
いた財産、又は第1418条第２項第２号及び第３号により留保財産として取得
する財産である。

⑵　婚姻の生存当事者の特別財産は、その者がそれまで特別財産として有して
いた財産、又は特別財産として取得する財産である。

第1487条　婚姻当事者、直系卑属の法的地位

⑴　婚姻の生存当事者及び持分を有する直系卑属の権利及び義務は、継続財産
共同制の合有財産を考慮して、婚姻継続中の財産共同制について適用され
る第1419条、第1422条ないし第1428条、第1435条第１文及び第３文、第1436
条、並びに第1445条の規定に従って定める。婚姻の生存当事者は、合有財産
を単独で管理する婚姻当事者と同じ法的地位を有し、持分を有する直系卑属
は、婚姻の他方当事者と同じ法的地位を有する。

⑵　婚姻の生存当事者が合有財産に対して負う債務、又は合有財産から請求す
べきものは、継続財産共同制が終了した後でなければ給付されないこととす
る。

第1488条　合有財産債務

継続財産共同制の合有財産債務は、婚姻の生存当事者の債務、及び婚姻の死
亡当事者の債務であって、婚姻継続中の財産共同制の合有財産債務であったも
のである。

第1489条　合有財産債務に対する個人的責任

⑴　継続財産共同制の合有財産債務に対しては、婚姻の生存当事者が自ら責任
を負う。

⑵　婚姻の生存当事者の個人的責任が継続財産共同制の開始によってのみ生じ
る限りにおいて、遺産債務に対する相続人の責任について適用される規定が

準用される。「遺産」とあるのは、「継続財産共同制の開始時点の状態での合有財産」と読み替えるものとする。

(3) 婚姻の死亡当事者又は生存当事者の債務に対する、持分を有する直系卑属の個人的責任は、継続財産共同制によっては生じない。

第1490条　直系卑属の死亡

持分を有する直系卑属が死亡した場合には、合有財産に対する持分はその者の遺産に属さない。持分を有する直系卑属に、婚姻の死亡当事者より先に死亡していたならば持分を有していたであろう直系卑属がいる場合には、その直系卑属が、持分を有する直系卑属を代襲する。持分を有する直系卑属に、そのような直系卑属がいない場合には、その持分は、持分を有する他の直系卑属に帰属し、持分を有する他の直系卑属がいない場合には、婚姻の生存当事者に帰属する。

第1491条　直系卑属による放棄

(1) 持分を有する直系卑属は、合有財産の持分を放棄することができる。放棄は、婚姻の死亡当事者の遺産について管轄を有する裁判所に対する意思表示によって行う。その意思表示は、公に認証された方式でしなければならない。遺産裁判所は、意思表示について、婚姻の生存当事者、及び持分を有する他の直系卑属に通知をするものとする。

(2) 放棄は、婚姻の生存当事者及び持分を有する他の直系卑属との間の契約によってもすることができる。その契約には、公正証書の作成を要する。

(3) 直系卑属が親の配慮又は後見に服するときは、放棄には家庭裁判所の許可を要する。直系卑属の世話人による放棄の場合には、世話裁判所の許可を要する。

(4) 放棄は、放棄する者が放棄の時点において直系卑属なしに死亡した場合と同様の効果を生じる。

第1492条　婚姻の生存当事者による解消

(1) 婚姻の生存当事者は、継続財産共同制をいつでも解消することができる。その解消は、婚姻の死亡当事者の遺産について管轄を有する裁判所に対する

意思表示によって行う。その意思表示は、公に認証された方式でしなければ
ならない。遺産裁判所は、意思表示について、持分を有する直系卑属に、婚
姻の生存当事者が直系卑属のいずれかの法定代理人であるときは家庭裁判所
に、世話がなされているときは世話裁判所に、通知しなければならない。

(2) 継続財産共同制の解消は、婚姻の生存当事者と、持分を有する直系卑属と
の間の契約によってもすることができる。契約には、公正証書の作成を要す
る。

(3) 婚姻の生存当事者の世話人による継続財産共同制の解消については、世話
裁判所の許可を要する。

第1493条　婚姻の生存当事者の再婚又は生活パートナーシップの締結

(1) 婚姻の生存当事者が、再婚し、又は生活パートナーシップを締結した場合
には、継続財産共同制は終了する。

(2) 婚姻の生存当事者は、持分を有する直系卑属が未成年である場合には、再
婚の意向を家庭裁判所に届け出て、合有財産の目録を提出し、財産共同制を
解消し、かつ、財産の分割をしなければならない。家庭裁判所は、婚姻締結
までは継続財産共同制を解消せず、財産の分割を事後的に行うことを許可す
ることができる。持分を有する直系卑属の財産の配慮が、世話人の職務範囲
に属するときにも、第1文及び第2文が適用される。この場合には、「家庭
裁判所」とあるのは「世話裁判所」と読み替えるものとする。

(3) 婚姻締結が登録された身分登録局は、家庭裁判所にその登録を通知する。

第1494条　婚姻の生存当事者の死亡

(1) 継続財産共同制は、婚姻の生存当事者の死亡により終了する。

(2) 婚姻の生存当事者が死亡の宣告を受けたとき、又は失踪法の規定によって
死亡の時点が確定したときは、継続財産共同制は、死亡の時点とみなされた
時点で終了する。

第1495条　直系卑属による解消の申立て

持分を有する直系卑属は、次のいずれかの場合には、婚姻の生存当事者に対
して継続財産共同制の解消を申し立てることができる。

1．婚姻の生存当事者が、合有財産の管理について能力を欠くこと、又は合有財産を管理する権利を濫用することにより、その〔持分を有する直系卑属の〕権利に将来にわたり重大な危険を生じ得るとき。

2．婚姻の生存当事者が、直系卑属の扶養を満たす義務を怠っており、かつ、将来にわたり扶養を重大な危険にさらすことが懸念されるとき。

3．合有財産の管理が、婚姻の生存当事者の世話人の職務範囲に属するとき。

4．婚姻の生存当事者が、直系卑属に対する親の配慮を喪失したか、又は親の配慮が婚姻の生存当事者に属していたならば喪失したであろうとき。

第1496条　裁判官による解消の裁判の効果

継続財産共同制の解消は、前条の場合には、裁判官による裁判の確定により効果を生じる。その解消は、裁判官による裁判が直系卑属のうち一人の申立てに基づいてされた場合でも、全ての直系卑属に対して効果を生じる。

第1497条　分割までの法律関係

(1)　継続財産共同制の終了後に、婚姻の生存当事者及び直系卑属は、合有財産を分割する。

(2)　分割までは、その合有財産に関する法律関係は、第1419条、第1472条、及び第1473条によって定められる。

第1498条　分割の実行

分割には、第1475条、第1476条、第1477条1項、第1479条、第1480条、並びに第1481条第1項及び第3項の規定が適用される。「合有財産を単独で管理していた婚姻当事者」とあるのは「婚姻の生存当事者」と、「婚姻の他方当事者」とあるのは「持分を有する直系卑属」と読み替えるものとする。第1476条第2項第2文に掲げる義務は、婚姻の生存当事者についてのみ存在する。

第1499条　婚姻の生存当事者の負担となる債務

次に掲げる債務は、分割の際には婚姻の生存当事者の負担となる。

1．継続財産共同制の開始の時に婚姻の生存当事者が負っていた合有財産債務であって、婚姻継続中の合有財産が負担しなかった債務、又は婚姻の両

当事者間の関係において婚姻の生存当事者の負担となっていた債務

2．継続財産共同制の開始後に生じた合有財産債務であって、婚姻継続中の財産共同制において婚姻の生存当事者に生じていたならば、婚姻の両当事者間の関係において婚姻の生存当事者が負担していたであろう債務

3．婚姻の生存当事者が、持分を有する直系卑属に合有財産に相応する程度を超えて約し若しくは与えた、又は持分を有しない子に約し若しくは与えた独立資金

第1500条　直系卑属の負担となる債務

(1)　持分を有する直系卑属は、婚姻の両当事者間の関係において婚姻の死亡当事者の負担とされた債務について、婚姻の生存当事者が婚姻の死亡当事者の相続人から弁済を得られなかった限りで、分割の際に、自己の持分に算入しなければならない。

(2)　持分を有する直系卑属は、婚姻の死亡当事者が合有財産に弁償しなければならなかったものを、同様に自己の持分に算入しなければならない。

第1501条　補償の算入

(1)　持分を有する直系卑属がその持分を放棄することにより合有財産から補償を与えられた場合には、その補償は、分割の際に合有財産に加算され、直系卑属が受けるべき2分の1に算入される。

(2)　婚姻の生存当事者は、持分を有する他の直系卑属との間で、継続財産共同制の解消前においても別段の合意をすることができる。その合意には、公正証書の作成を要する。その合意は、その後に継続財産共同制に参加した直系卑属に対しても効力を生ずる。

第1502条　婚姻の生存当事者の引受権

(1)　婚姻の生存当事者は、価額を弁償して、合有財産又はこれに属する個々の財産を引き受ける権利を有する。この権利は、相続人には承継されない。

(2)　継続財産共同制が第1495条に基づいて判決により解消されるときは、婚姻の生存当事者は、前項に定める権利を取得しない。この場合においては、持分を有する直系卑属は、価額を弁償して、婚姻の死亡当事者が第1477条2項

によれば引受権を有したであろう財産を引き受けることができる。持分を有する直系卑属は、共同でのみこの権利を行使することができる。

第1503条　直系卑属間での分割

(1)　持分を有する複数の直系卑属は、自己に割り当てられた合有財産の２分の１を、継続財産共同制の終了時に婚姻の死亡当事者が死亡したならばその相続人として法定相続において割り当てられたであろう持分に応じて分割する。

(2)　先位相続人が取得した財産は、婚姻の死亡当事者の遺産の分割の際にそのような清算がなされていない限り、直系卑属間での清算に関する規定に従って清算される。

(3)　持分を放棄した直系卑属に合有財産から補償が与えられた場合には、その補償は、放棄によって利益を得る直系卑属の負担となる。

第1504条　直系卑属間での責任の分担

持分を有する直系卑属は、第1480条によって合有財産の債権者に責任を負う限りで、持分を有する直系卑属間の関係において、合有財産の持分の割合に応じて義務を負う。その義務は、持分を有する直系卑属に割り当てられた財産に限定される。相続人の責任について定める第1990条及び第1991条の規定は準用される。

第1505条　直系卑属の持分の補充

遺留分の補充の権利に関する規定は、持分を有する直系卑属について準用される。「相続の開始」とあるのは、「継続財産共同制の終了」と読み替えるものとする。継続財産共同制の終了時に直系卑属に割り当てられる合有財産の持分を法定相続分とみなし、その持分の価値の２分の１を遺留分とみなす。

第1506条　持分欠格

共通の直系卑属が相続欠格である場合には、合有財産の持分についても欠格となる。相続欠格に関する規定は準用される。

第1507条　財産共同制の継続についての証明書

遺産裁判所は、申立てにより財産共同制の継続についての証明書を婚姻の生

存当事者に付与しなければならない。相続証明書に関する規定は準用される。

第1508条　（削除）

第1509条　終意処分による継続財産共同制の排除

　婚姻の各当事者は、婚姻の他方当事者から遺留分を剥奪し、又は財産共同制の解消を申し立てる権利を有する場合には、自己の死亡により婚姻が解消されるときのために、終意処分によって財産共同制の継続を排除することができる。婚姻の一方当事者が、婚姻の取消しを申し立てる権利を有し、かつ、申立てをした場合も同様である。遺留分の剥奪に関する規定は、継続財産共同制の排除に準用される。

第1510条　排除の効果

　財産共同制の継続が排除される場合は、第1482条の場合と同様とする。

第1511条　直系卑属の排除

(1)　婚姻の各当事者は、その死亡により婚姻が解消されるときのために、終意処分によって共通の直系卑属を継続財産共同制から排除することができる。

(2)　排除された直系卑属は、その相続権を侵害されることなく、継続財産共同制の合有財産から、継続財産共同制が開始しなければ婚姻継続中の財産共同制の合有財産から遺留分として得ていたであろう金額の支払を請求することができる。遺留分請求権について定める規定が準用される。

(3)　排除された直系卑属に支払われた金額は、第1501条の定めるところにより、分割の際に持分を有する直系卑属の負担として算入される。直系卑属間の関係においては、この金額は、排除によって利益を得る直系卑属の負担となる。

第1512条　持分の引下げ

　婚姻の各当事者は、その死亡により継続財産共同制が開始するときのために、継続財産共同制の終了後に持分を有する直系卑属に割り当てられる合有財産の持分を、終意処分によりその2分の1を限度として引き下げることができる。

第1513条　持分の剥奪

(1) 婚姻の各当事者は、直系卑属から遺留分を剥奪する権利を有するときには、その死亡により継続財産共同制が開始するときのために、継続財産共同制の終了後に持分を有する直系卑属に割り当てられる合有財産の持分を、終意処分により剥奪することができる。第2336条第2項及び第3項の規定が準用される。

(2) 婚姻当事者は、第2338条により直系卑属の遺留分権を制限する権利を有するときには、その直系卑属の合有財産の持分を同様に制限することができる。

第1514条　剥奪された金額の出捐

婚姻の各当事者は、第1512条又は前条第1項により直系卑属から剥奪した金額を、終意処分により第三者に与えることができる。

第1515条　直系卑属及び婚姻当事者の引受権

(1) 婚姻の各当事者は、その死亡により継続財産共同制が開始するときのために、終意処分により、持分を有する直系卑属が、分割に際して合有財産又は合有財産に属する個々の財産を価額の弁償によって引き受ける権利を有するものと定めることができる。

(2) 土地が合有財産に属するときは、その土地を収益価値によって、又は最低でも収益価値に達する価格によって、評価するものと定めることができる。相続について適用される第2049条の規定は準用される。

(3) 前項に掲げる価値又は価格で土地を引き受ける権利は、婚姻の生存当事者にも与えることができる。

第1516条　婚姻の他方当事者の同意

(1) 婚姻の一方当事者がした第1511条ないし前条に掲げる処分が効力を生じるためには、婚姻の他方当事者の同意を要する。

(2) 同意は、代理人によって与えることができない。同意の表示には、公正証書の作成を要する。同意は撤回することができない。

(3) 婚姻の両当事者は、第1511条ないし前条に掲げる処分を、共同遺言においてもすることができる。

第1517条　直系卑属の一人による持分の放棄

(1)　共通の直系卑属が、婚姻の一方当事者との関係で、その死亡により婚姻が解消されるときのために、継続財産共同制の合有財産の持分を放棄する契約、又はそのような放棄を取り消す契約が効力を生じるためには、婚姻の他方当事者の同意を要する。同意に関しては、前条第2項第3文及び第4文の規定が適用される。

(2)　相続放棄に適用される規定が準用される。

　　【訳者注】　第1517条第1項では、第1516条第2項第3文及び第4文の準用が規定されているが、第1516条第2項には第3文までしかない。同項については、2017年7月17日法（BGBl. I S. 2429、同年7月22日施行）による改正までは、第4文までがあったが、同改正によって、同条第2項第2文が削除され、従前の第2項第3文及び第4文の番号がずれて同項第2文及び第3文になったものであるところ、第1517条第1項において、それが反映されないまま、古い規定が残ったことが確認された。次のドイツ民法の改正時にこの点について改定されるということである。

第1518条　強行規定

　婚姻の両当事者は、終意処分によっても契約によっても、第1483条ないし前条の規定と矛盾する定めをすることができない。婚姻の両当事者が、財産共同制の継続について合意した契約を婚姻財産契約により取り消す権利は、変更されない。

　　　　　第4目　選択剰余共同制

第1519条　婚姻財産契約による合意

　婚姻の両当事者が、婚姻財産契約により選択剰余共同制の婚姻財産制を合意した場合には、2010年2月4日の選択剰余共同制の婚姻財産制に関するドイツ連邦共和国とフランス共和国との間の条約の諸規定が適用される。第1368条は準用される。第1412条は適用されないものとする。

第1520条から第1557条　　（削除）

第3款　婚姻財産制登録簿

第1558条　管轄を有する登録裁判所

(1)　婚姻財産制登録簿への登録は、婚姻の両当事者の少なくとも一方が常居所を有する管轄区域の区裁判所でなされるものとする。

(2)　州政府は、法規命令により、複数の区裁判所の管轄区域について、一つの区裁判所に婚姻財産登録簿の管理権限を委譲することができる。州政府は、法規命令により、この管理権限を州の法務局に委譲することができる。

第1559条　常居所の移転

婚姻の一方当事者が婚姻財産制の登録の後に常居所を他の管轄区域に移転する場合には、改めてその管轄区域の登録簿に登録しなければならない。婚姻の一方当事者が常居所を以前の管轄区域に戻す場合には、従前の登録は、新たになされたものとみなされる。

第1560条　登録の申請

婚姻財産制登録簿への登録は、申請によってのみ、かつ、申請がなされる範囲でのみ、行われるものとする。申請は、公に認証された方式によってしなければならない。

第1561条　申請の要件

(1)　婚姻財産制への登録のためには、婚姻の両当事者が申請しなければならない。婚姻の各当事者は、婚姻の他方当事者に対して協力する義務を負う。

(2)　次に掲げる登録については、婚姻の一方当事者による申請で足りる。

　1．申請とともに、婚姻財産契約が提示される場合における婚姻財産契約の登録、又は、申請とともに、確定証明書が添付された裁判が提示される場合における裁判に基づく婚姻の両当事者の婚姻財産関係の変更の登録

　2．申請とともに、従前の住所の取消し後に付与され、公に認証された従前の登録の謄本が示される場合における他の管轄区域の登録簿への再登録

　3．婚姻の両当事者が財産共同制において生活し、かつ、申請する婚姻当事者が単独で、又は婚姻の他方当事者と共同で、合有財産を管理している場合における、婚姻の他方当事者による所得活動の独立した遂行に反対する

意思の登録、及び、同意の撤回の登録

4．婚姻の他方当事者が、申請人に効力が及ぶ行為をする権限の制限又は排除の登録（第1357条第2項）

(3)　（削除）

第1562条　公示

(1)　区裁判所は、登録を、その公示のための書誌により、公示しなければならない。

(2)　婚姻財産制の変更が登録される場合には、公示は、婚姻財産制の表示に限定し、その婚姻財産制が制定法と異なって規律されているときは、その相違の一般的な表示に限定しなければならない。

第1563条　登録簿の閲覧、登録手続に関するEU規則第2016／679号の適用

(1)　登録簿の閲覧は、誰でもすることができる。登録については、謄本を請求することができる。謄本は、請求により認証されるものとする。

(2)　EU規則第2016／679号第15条に基づく権利は、前項による登録簿の閲覧によって保障される。登録裁判所は、婚姻財産制登録簿又は登録簿の文書にその個人情報が記録されている者に対して、個人情報の第三者への開示について情報を提供する義務を負わない。

(3)　その他の点については、第79a条第2項及び第3項が準用される。

第7節　離婚

第1款　離婚原因

第1564条　裁判所の裁判による離婚

　婚姻は、婚姻の一方当事者又は両当事者の申立てにより、裁判所の裁判によってのみ、解消され得る。婚姻は、裁判所の裁判の確定をもって解消される。離婚を求めるための要件は、以下の諸規定に定めるところによる。

第1565条　婚姻の破綻

(1)　婚姻が破綻したときに、婚姻は離婚によって解消され得る。婚姻の両当事者の生活共同体がもはや存続しておらず、婚姻の両当事者がそれを回復する

ことが期待できないときに、婚姻は破綻したものとされる。

(2) 婚姻の両当事者が、1年間に満たない期間しか別居していない場合には、婚姻の継続が、婚姻の他方当事者自身についての事由のために、申立人にとって過当な苛酷状態をもたらすときにのみ、婚姻は離婚によって解消され得る。

第1566条 破綻の推定

(1) 婚姻の両当事者が1年間にわたって別居し、かつ、婚姻の両当事者が離婚を申し立てた場合、又は申立ての相手方が離婚に同意した場合には、婚姻が破綻したものとみなされる。

(2) 婚姻の両当事者が3年間にわたって別居している場合には、婚姻が破綻したものとみなされる。

第1567条 別居

(1) 婚姻の両当事者間に家政共同体が存在しておらず、かつ、婚姻の一方当事者が婚姻の生活共同体を拒むことにより、明らかに家政共同体を回復しようとしない場合には、婚姻当事者は別居しているものである。婚姻の両当事者が、その婚姻住居において分かれて生活している場合にも、家政共同体はもはや存在していないものとみなされる。

(2) 前条に定められた別居期間の進行は、婚姻の両当事者が関係を修復するためにする短期間の共同生活によって、中断又は停止しない。

第1568条 苛酷条項

(1) 婚姻が破綻しているときにも、婚姻から生まれた未成年の子の利益のために、婚姻を維持することが、特別の事由により例外的に必要となる場合には、その限りにおいて、又は、申立人の利益を考慮しても、なお例外的に婚姻を維持することが望ましいと認められるほど、離婚がそれを拒絶する申立ての相手方にとって特段の事情により重大な苛酷状態をもたらす場合には、その限りにおいて、婚姻は離婚によって解消し得ないものとする。

(2) （削除）

第1a款　離婚の際の婚姻住居及び家財の取扱い

第1568a条　婚姻住居

(1)　家政において生活する子の福祉及び婚姻の両当事者の生活状況に鑑みて、婚姻の一方当事者が婚姻の他方当事者よりも婚姻住居の利用に頼らざるを得ない場合、又は、婚姻住居の明渡しがその他の事由により衡平にかなう場合には、婚姻の一方当事者は、婚姻の他方当事者に対して、離婚に際して婚姻住居を明け渡すよう求めることができる。

(2)　婚姻の一方当事者が単独で若しくは第三者と共同で、婚姻住居が立っている土地の所有者となっている場合、又は、婚姻の一方当事者が単独で若しくは第三者と共同で、当該土地について用益権、地上権若しくは物権的居住権を有している場合には、婚姻の他方当事者は、不当な苛酷状態を回避するのに必要であるときにのみ、婚姻住居の明渡しを求めることができる。婚姻の他方当事者が建物区分所有権又は継続的居住権を有している場合にも同様とする。

(3)　住居の明渡しを受ける婚姻当事者は、

　1．婚姻の両当事者による明渡しに関する通知が賃貸人に到達した時点において、若しくは、

　2．住居の割当に関する裁判手続について終局裁判の確定をもって、

明渡しの義務を負う婚姻当事者に代わって、その者が開始した賃貸借関係に入り、又は、婚姻の両当事者が開始した賃貸借関係を単独で継続する。第563条4項は、準用される。

(4)　婚姻の一方当事者と第三者との間に存する雇用関係若しくは労働関係に基づいて、婚姻の両当事者が占有している住居について、婚姻の一方当事者は、第三者が同意した場合、又は重大な苛酷状態を回避するために必要であるとされる場合に限り、賃貸借関係の設定を求めることができる。

(5)　婚姻住居について賃貸借関係が存しない場合には、その明渡しを請求する権利を有する婚姻当事者も、それを賃貸する権限を有する者も、当該地域における通常の条件に従って賃貸借関係を設定するよう求めることがで

きる。第575条第1項に定める諸要件を満たす場合、又は、期間の定めのない賃貸借関係の設定が賃貸人の正当な利益を考慮して衡平に反する場合には、賃貸人は、賃貸借関係に適切な期限を設定するよう求めることができる。賃料の額について合意が成立しない場合には、賃貸人は、適切な賃料の支払、その金額が明確ではない場合には、当該地域における標準的な賃料の支払を求めることができる。

(6)　第3項及び前項に定める場合において、賃貸借関係に入るよう請求する権利、又は賃貸借関係の設定を請求する権利は、それよりも前に事件が係属していなかったときには、離婚事件における終局裁判の確定から1年を経過することで消滅する。

第1568b条　家財

(1)　婚姻の各当事者は、家政において生活する子の福祉及び婚姻の両当事者の生活状態を考慮して、自らが婚姻の他方当事者よりも家財の利用に頼らざるを得ない場合、又は、自らによる家財の利用がその他の事由により衡平にかなう場合には、婚姻の他方当事者に対して、離婚に際して共有関係にある家財を自らに引渡し、かつ、譲渡するよう求めることができる。

(2)　婚姻中に共通の家政のために調達した家財は、分割においては婚姻の両当事者の共有財産とみなされる。ただし、婚姻の一方当事者による単独所有権が定まっている場合には、この限りではない。

(3)　第1項により自己の所有権を譲渡した婚姻当事者は、適切な額の補償の支払を求めることができる。

第2款　離婚した婚姻当事者の扶養

第1目　総則

第1569条　自己責任の原則

婚姻の各当事者は、離婚後は、自己の生計の維持を図る責務を負う。婚姻の一方当事者にその能力がない場合には、その者は、以下の諸規定に従ってのみ、婚姻の他方当事者に対して扶養を請求する権利を有する。

第2目　扶養の権利

第1570条　子の世話を理由とする扶養

(1)　離婚した婚姻の一方当事者は、婚姻の他方当事者に対して、両者に共通の子の監護又は養育を理由として、少なくともその子の出生から3年間、扶養を請求することができる。扶養請求権の存続期間は、衡平にかなう限り、延長される。その際には、子の利益、及び子の世話に関するさまざまな可能性が考慮されなくてはならない。

(2)　扶養請求権の存続期間は、子の世話の具体的内容、婚姻における所得活動及び婚姻の継続期間を考慮して、衡平にかなう場合には、これを超えて延長される。

第1571条　年齢を理由とする扶養

離婚した婚姻の一方当事者は、

1．離婚の時点において、

2．両者に共通の子の監護若しくは養育が終了した時点において、又は、

3．第1572条及び第1573条に定める扶養請求権に関する要件が喪失した時点において、

自らの年齢のために、所得活動をもはや期待することができない場合には、婚姻の他方当事者に対して扶養を請求することができる。

第1572条　疾病又は障害を理由とする扶養

離婚した婚姻の一方当事者は、

1．離婚の時点において、

2．両者に共通の子の監護若しくは養育が終了した時点において、

3．職業教育、研修、若しくは再訓練が終了した時点において、又は、

4．第1573条に定める扶養請求権に関する要件が喪失した時点において、

疾病その他の障害又は体力若しくは精神力の虚弱さのために、自らの所得活動を期待できない場合には、その限りにおいて、婚姻の他方当事者に対して、扶養を請求することができる。

第1573条　無収入を理由とする扶養と扶養の増額

(1) 離婚した婚姻の一方当事者は、第1570条ないし前条に基づく扶養請求権を有さない場合においても、離婚後に適切な所得活動につくことができない限り、扶養を請求することができる。

(2) 適切な所得活動による所得が完全な生計の維持（第1578条）に足りるものではない場合には、その者が既に第1570条ないし前条に基づく扶養請求権を有していない限り、その所得と完全な生計の維持との差額を請求することができる。

(3) 第1570条ないし前条及び第1575条による扶養が認められていたが、これらの規定に定める要件が消失した場合にも、第1項及び前項が準用される。

(4) 離婚した婚姻の一方当事者は、適切な所得活動による所得を喪失した場合においても、本人の努力にもかかわらず、離婚後に所得活動を通じて生計の維持を継続的に確保することができなかったことを理由に、扶養を請求することができる。離婚した婚姻の一方当事者は、生計の一部を継続的に確保することができた場合には、継続的に確保することができた生計の一部と完全な生計の維持との差額を請求することができる。

(5) （削除）

第1574条　適切な所得活動

(1) 離婚した婚姻当事者は、適切な所得活動をする責務を負う。

(2) 離婚した婚姻当事者の職業教育、能力、従前の所得活動、年齢、及び健康状態に応じた所得活動は、その活動が婚姻中の生活状態に照らして衡平に反するものでない限り、適切な所得活動とされる。婚姻中の生活状態については、とりわけ、婚姻の継続期間及び共通の子の監護又は養育の期間が考慮されるものとする。

(3) 離婚した婚姻の一方当事者は、適切な所得活動を行うのに必要となる限り、教育過程を正しく修了することが期待されるときには、職業教育、研修、又は再訓練を受ける責務を負う。

第1575条　教育、研修、又は再訓練

(1) 離婚した婚姻の一方当事者が、婚姻を期待して若しくは婚姻継続中に、

学校教育若しくは職業教育を受けなかった、又は中断した場合において、その者が今後の生計の維持を継続的に確保するのに適切な所得活動を得るために、以上の教育又はそれに相当する教育を可能な限り速やかに開始し、その教育過程を正しく修了することが期待されるときには、婚姻の他方当事者に対して、扶養を請求することができる。この扶養請求権は、最長で、その教育課程を一般に修了するまでの期間について認められる。その際には、婚姻のために生じた教育の遅延を考慮しなければならない。

(2) 離婚した婚姻当事者が、婚姻によって生じた不利益をてん補するために研修又は再訓練を受ける場合にも同様とする。

(3) 離婚した婚姻当事者が、職業教育、研修又は再訓練を修了した後、第1573条に従って扶養を請求する場合には、その者に適切な所得活動を定めるに当たって（前条第2項）、獲得されたより高い教育水準は、考慮されない。

第1576条　衡平に基づく扶養

離婚した婚姻の一方当事者は、その他の重大な事由により、その者に所得活動を期待することができず、かつ、扶養を拒絶することが婚姻の両当事者の利益に照らして著しく衡平に反する場合には、その限りにおいて、婚姻の他方当事者に対して扶養を請求することができる。重大な事由は、それが婚姻が破綻する原因となったというだけの理由で考慮してはならない。

第1577条　必要性

(1) 離婚した婚姻当事者は、自己の収入と財産によって生計を維持することができる限りにおいて、第1570条ないし第1573条、第1575条、及び前条による扶養を請求することはできない。

(2) 離婚した婚姻当事者の収入は、扶養義務者が完全な生計の維持のための扶養（第1578条及び第1578b条）をするのでない限り、算入されない。完全な生計の維持を超過する収入については、離婚した婚姻の両当事者の経済状態に照らして衡平にかなう限りにおいて、算入される。

(3) 扶養権利者は、財産の元本については、その利用が経済的合理性に乏しいものである場合、又は、離婚した婚姻の両当事者の経済状態に照らして衡平

に反する場合には、それを利用することを要しない。

(4)　離婚の時点において、扶養権利者の財産による継続的な生計の維持が確保
　　されているものと期待されたが、その後、その財産が失われた場合には、扶
　　養請求権は認められない。ただし、財産が失われた時点において、その婚姻
　　当事者には、共通の子の監護又は養育のために、所得活動を期待できない場
　　合には、この限りではない。

第1578条　扶養の程度

(1)　扶養の程度は、婚姻中の生活状態に応じて定められる。扶養は、生活に必
　　要なもの全てを含む。

(2)　生活に必要なものには、病気又は要介護状態に備えた適切な保険の費用、
　　並びに第1574条、及び第1575条に基づく学校教育若しくは職業教育、研修、
　　又は再訓練の費用も含まれる。

(3)　離婚した婚姻当事者が、第1570条ないし第1573条又は第1576条に基づく扶
　　養請求権を有する場合においては、生活に必要なものには、高齢及び稼働能
　　力の減退に備えた適切な保険の費用も含まれる。

第1578a条　損害に起因する費用増加における充足の推定

　　身体又は健康上の損害による費用については、第1610a条が適用される。

第1578b条　衡平に反することを理由とする扶養の減額及び期間の限定

(1)　離婚した婚姻当事者の扶養請求権は、婚姻中の生活状態を基準として扶養
　　料を算定することが、扶養権利者に監護又は養育が委ねられた共通の子の利
　　益を確保したとしても、衡平に反する場合には、生活のために必要となる適
　　切な限度に縮減される。その際には、とりわけ自己の生計を維持する可能性
　　について、婚姻による不利益がどの程度生じているのか、又は、婚姻の継続
　　期間を考慮して、扶養請求権の減額がどの程度衡平に反するものであるかが
　　考慮されるものとする。第2文の意味における不利益は、とりわけ、共通の
　　子の監護又は養育の期間、並びに婚姻中の家政及び所得活動の内容を考慮す
　　ることで、導かれ得る。

(2)　離婚した婚姻当事者の扶養請求権は、期間の限定のない扶養請求権が、

扶養権利者に監護又は養育が委ねられた共通の子の利益をするためであっても、衡平に反する場合には、期間が限定されるものとする。前項第2文及び第3文は準用される。

(3) 扶養請求権の減額及び期間の限定は、組み合わせることができる。

第1579条　衡平に著しく反することを理由とする扶養の制限又は拒絶

扶養義務者に対して扶養を請求することが、扶養権利者に監護又は養育が委ねられた共通の子の利益を確保するためであっても、以下のいずれかの理由により、衡平に著しく反する場合には、扶養請求権は、拒絶され、減額され、又は期間を限定される。

1. 婚姻の継続期間が短いこと。この場合には、扶養権利者が、共通の子の監護又は養育を理由として、第1570条により扶養を求めることができる期間を考慮しなくてはならない。

2. 扶養権利者が、安定した生活共同体において生活していること。

3. 扶養権利者が、扶養義務者若しくは扶養義務者の近親者に対する犯罪又は重大な故意の非行を行ったことについて帰責性があること。

4. 扶養権利者が、軽率に要扶養状態を惹起したこと。

5. 扶養権利者が、扶養義務者の重大な財産的利益を軽率に無視したこと。

6. 扶養権利者が、別居前の長期間にわたって、家族の生計の維持に貢献する義務について重大な違反をしていたこと。

7. 扶養権利者が、扶養義務者に対する明らかに重大で自らに責めのある不適切な行為について、責任を負っていること。

8. そのほか第1号ないし前号に掲げた事由と同程度の重大な事由があること。

第1580条　情報提供義務

離婚した婚姻当事者は、互いに、相手方の請求により、自らの収入及び財産について情報を与える義務を負う。第1605条は、準用されるものとする。

第3目　履行能力及び順位

第1581条　履行能力

扶養義務者が、その収入状況及び財産状況に照らして、その他の義務を考慮すれば、自己の適切な生計の維持を危険にさらすことなく、扶養権利者に対して扶養をする能力がない場合には、扶養義務者は、離婚した婚姻当事者の必要性、収入状況並びに財産状態を考慮して、衡平にかなう範囲でのみ扶養をすれば足りる。扶養義務者は、財産の元本を利用することが経済的に合理性の乏しいとき、又は、両当事者の経済状態に照らして衡平に反するときには、財産の元本を利用しなくてよい。

第1582条　複数の扶養権利者がある場合の離婚した婚姻当事者の順位

　複数の扶養権利者がいる場合には、離婚した婚姻当事者の順位は、第1609条によって定められる。

第1583条　婚姻財産制による影響

　扶養義務者が再婚した場合において、新しい婚姻当事者と財産共同制によって生活しているときには、第1604条が準用される。

第1584条　複数の扶養義務者の順位

　扶養義務を負う離婚した婚姻当事者は、扶養権利者の親族よりも先順位で責任を負う。ただし、扶養義務者が履行能力を有さない場合には、扶養権利者の親族が、離婚した婚姻当事者よりも先順位で責任を負う。第1607条第２項及び第４項は、準用される。

　　第４目　扶養請求権の内容形成

第1585条　扶養給付の種類

⑴　継続的扶養は、定期金の支払によってなされるものとする。定期金は、月ごとに前払いするものとする。扶養請求権が、月の途中で、扶養権利者の再婚又は死亡によって消滅した場合においても、扶養義務者は、月額の全額を支払う義務を負う。

⑵　扶養権利者は、重大な事由があり、かつ、扶養義務者がそれにより衡平に反する負担を負うものではない場合には、定期金に代えて、一時金による清算を求めることができる。

第1585a条　担保の提供

(1) 扶養義務者は、請求により、担保を提供しなければならない。担保を提供
する義務は、扶養の履行について危険があると認める根拠がない場合、又
は、扶養義務者が担保の提供により衡平に反する負担を負う場合には、認め
られない。担保を提供すべき金額は、当該事案の特段の事情により、より高
額の担保の提供が適当であるとされない限り、扶養定期金の1年分の額を超
えてはならない。

(2) 担保提供の種類は、諸事情に応じて定められる。第232条の制限は適用さ
れない。

第1585b条　過去分の扶養

(1) 扶養権利者は、特別の必要性（第1613条第2項）があることを理由とし
て、過去分の扶養を求めることができる。

(2) その他の場合には、権利者は、過去分の履行、又は不履行を理由とする損
害賠償については、第1613条第1項に準じてのみ求めることができる。

(3) 訴訟係属前の1年間を超える期間については、扶養義務者が故意に履行を
しなかったことが認められる場合にのみ、その履行、又は不履行を理由とす
る損害賠償を求めることができる。

第1585c条　扶養についての合意

　婚姻の両当事者は、離婚後の期間に関する扶養義務について合意をすること
ができる。離婚裁判が確定する前になされる合意は、公正証書によらなければ
ならない。第127a条は、婚姻事件の裁判手続が係属する裁判所において調書に
記載される合意にも適用される。

第5目　扶養請求権の消滅

第1586条　扶養権利者の再婚、生活パートナーシップの締結、又は死亡

(1) 扶養請求権は、扶養権利者の再婚、生活パートナーシップの締結、又は死
亡によって消滅する。

(2) 過去分の履行、若しくは不履行を理由とする損害賠償請求権は存続する。
再婚、生活パートナーシップの締結又は死亡の時点において期限が到来して
いた月額の扶養請求権についても同様とする。

第1586a条　扶養請求権の復活

⑴　離婚した婚姻当事者が、新たに婚姻又は生活パートナーシップを締結し、その婚姻又は生活パートナーシップが再び解消された場合において、その者が従前の婚姻又は生活パートナーシップによる子の監護又は養育を行わなければならないときは、従前の婚姻当事者に対して、第1570条により扶養を求めることができる。

⑵　事後に解消された婚姻の当事者は、それ以前に解消された婚姻の当事者よりも先順位で責任を負う。第１文は、生活パートナーシップにも準用される。

第1586b条　扶養義務者の死亡時の扶養義務の存続

⑴　扶養義務者が死亡した場合において、扶養義務は、相続債務として、相続人に承継される。第1581条による制限はない。ただし、相続人は、婚姻が解消されなかったならば扶養権利者に認められるはずの遺留分に相当する額以上の責任を負わない。

⑵　遺留分の算定においては、離婚した婚姻の両当事者が従っていた婚姻財産制による個別事情は、考慮されない。

第３款　年金調整

第1587条　年金調整法の参照

離婚した婚姻の両当事者間においては、年金調整法の基準に従って、国内又は国外で成立した将来の年金請求権の調整が認められる。その将来の年金請求権には、とりわけ、法律上の年金保険、公務員年金若しくは職業年金などのそれ以外の法的保障制度、事業者による老齢年金、又は私的な老齢年金及び障害年金が含まれる。

第８節　教会の義務

第1588条　（表題なし）

婚姻に関する教会の義務は、本章の規定によって影響を受けない。

第2章　血族関係

第1節　総則

第1589条　血族関係

(1) 一方の者が他の者と出自関係にあるときは、これらの者は、直系の血族関係にある。直系の血族ではないが、同一の第三者と出自関係にあるときは、これらの者は、傍系の血族関係にあるものとする。血族の親等は、血族関係を基礎づける出生の数により定まる。

(2) （削除）

第1590条　姻族関係

(1) 婚姻の一方当事者の血族は、婚姻の他方当事者と姻族関係にある。姻族の系統及び親等は、姻族関係を基礎付ける血族関係の系統及び親等により定まる。

(2) 姻族関係は、それを形成する基礎となった婚姻が解消された場合においても存続する。

第2節　実親子関係

第1591条　母子関係

子の母は、当該子を出産した女性とする。

第1592条　父子関係

子の父は、次に掲げるいずれかの男性とする。

1. 子の出生時に子の母と婚姻している男性
2. 父子関係を認知した男性
3. 第1600d条又は家事事件及び非訟事件の手続に関する法律第182条第1項により、父子関係が裁判上確認された男性

第1593条　死亡によって婚姻が解消された場合における父子関係

婚姻が死亡によって解消され、かつ、その解消後300日以内に子が出生したときは、前条第1号が準用される。子がその出生から300日より前に懐胎され

ていたことが確認されたときは、この期間を基準とする。再婚した女性から出生した子が、第1文及び前文により前婚の夫の子とされ、かつ、前条第1号により後婚の夫の子とされるときは、当該子は、後婚の夫の子であるとする。その父子関係が否認され、後婚の夫が子の父でないことが確定裁判によって確認されたときは、当該子は、前婚の夫の子とする。

第1594条　父子関係の認知

⑴　認知の法的効果は、法律に別段の定めがない限り、認知が効力を生じた時から主張することができる。

⑵　父子関係の認知は、他の男性との父子関係が存在している限り、その効力を生じない。

⑶　条件又は期限を付した認知は、無効である。

⑷　認知は、子の出生前からすることができる。

第1595条　認知にかかる同意の必要性

⑴　認知には、母の同意を要する。

⑵　認知には、母が親の配慮を有していない場合に限り、子の同意も要する。

⑶　同意については、前条第3項及び第4項が準用される。

第1596条　行為無能力者又は制限行為能力者の場合における認知及び同意

⑴　行為能力が制限されている者については、本人のみが認知することができる。これには、法定代理人の同意を要する。法定代理人は、家庭裁判所の許可を得て、行為無能力者のために認知することができる。法定代理人が世話人であるときは、世話裁判所の許可を要する。第1文ないし前文は、母の同意について準用される。

⑵　子が、行為無能力者である、又は14歳に達していないときは、法定代理人のみが認知に同意することができる。それ以外の場合において、子が制限行為能力者であるときは、本人のみが同意することができる。これには、法定代理人の同意を要する。

⑶　行為能力を有する被世話人については、本人のみが認知又は同意をすることができる。第1825条の適用は妨げられない。

(4) 認知及び同意については、任意代理人が意思表示をすることはできない。

第1597条　方式要件、撤回

(1) 認知及び同意は、公に記録されなければならない。

(2) 認知及び認知の有効性に関係する全ての意思表示にかかる認証済みの文書は、父、母及び子並びに身分登録局に送付されなければならない。

(3) 認知が登録されてから1年を経過してもなお効力を生じていないときは、男性は、認知を撤回することができる。撤回については、第1項及び前項、並びに第1594条第3項及び前条第1項、第3項及び第4項が準用される。

第1597a条　父子関係の濫用的認知の禁止

(1) 子、認知者若しくは母の適法な入国又は適法な滞在の法的要件を満たすこと、又は国籍法第4項第1項若しくは第3項第1文による子のドイツ国籍取得により子の適法な入国若しくは適法な滞在の法的要件を満たすことを専らの目的として、父子関係の認知（父子関係の濫用的認知）をしてはならない。

(2) 父子関係の濫用的認知を疑わせる具体的事実が存在するときは、登録官庁又は書記官は、認知者及び母を審問した後、滞在法第85a条により権限を有する官庁に当該事実を通知し、登録を停止しなければならない。とりわけ、次に掲げる事項は、濫用的認知を疑わせる事実を示すものである。

1．認知者、母、又は子が、強制可能な退去義務を負っていること。

2．認知者、母、又は子が、難民申請をしており、かつ、庇護法第29a条に定める安全な出身国の国籍を有している場合

3．認知者と母又は子の間に個人的なつながりがないこと。

4．認知者が既に複数の外国籍の女性の子を複数回認知しており、かつ、その都度認知によって子若しくは母の適法な入国又は滞在の法的要件を満たした疑いがあること。その認知によって子がドイツ国籍を取得したとしても同様である。

5．認知者又は母に対し、父子関係の認知若しくは認知に対する同意にかかる財産上の利益が与えられた、又はその約束がされた疑いがあること。

登録官庁又は書記官は、登録を停止した旨を認知者、母、及び身分登録局に通知しなければならない。滞在法第85a条により権限を有する官庁が、滞在法第85a条第1項により父子関係の濫用的認知がなされたことを確認し、かつ、この行政決定が取り消し得ないものであるときは、当該登録を拒否するものとする。

(3) 前項第1文により登録が停止されている限り、認知は、他の登録官庁又は書記官によって有効に登録することができない。第2項第4文に定める要件が満たされる場合も、同様とする。

(4) 第1項ないし前項は、第1595条第1項による母の同意について準用される。

(5) 父子関係の認知は、認知者が認知をする子の生物学上の父であるときは、濫用に当たることはない。

第1598条　認知、同意及び撤回の無効

(1) 認知、同意及び撤回は、第1594条第2項ないし第4項、及び第1595条ないし前条に定める要件を欠く場合にのみ、無効である。認知及び同意は、前条第3項に定める場合、及び前条第4項を第3項と併せて適用する場合にも、無効である。

(2) 認知がドイツの身分登録簿に登録された時から5年を経過したときは、その認知は、前条までの規定に定める要件を欠く場合であっても、有効である。

第1598a条　生物学上の出自関係を解明するための遺伝学的検査に対する同意を求める権利

(1) 子の生物学上の出自関係を解明するために、次の各号に掲げる者は、その各号に定める者に対して、これらの者が遺伝学的親子関係の検査に同意し、検査に必要な遺伝学的試料の採取を受忍することを求めることができる。

１．父は、母及び子に対して。

２．母は、父及び子に対して。

３．子は、両親に対して。

その遺伝学的試料は、一般に承認された科学的原則に従って採取されなけ

ればならない。

⑵　家庭裁判所は、生物学上の出自関係の解明を請求する権利をもつ者の申立
　　てにより、同意が与えられていない場合には同意を代行し、試料採取を受忍
　　するよう命じなければならない。

⑶　生物学上の出自関係の解明が、それを請求する権利をもつ者の利益を考慮
　　しても、未成年の子にとって受け入れ難いような子の福祉に対する重大な侵
　　害をもたらすであろう場合には、その限りにおいて、裁判所は、手続を停止
　　する。

⑷　遺伝学上の親子関係の鑑定に同意し、遺伝学的試料を引き渡した者は、親
　　子関係の鑑定を実施させた、生物学上の出自関係の解明を請求する権利をも
　　つ者に対して、鑑定書の閲覧、又は写しの交付を求めることができる。第1
　　文による請求に関する争いについては、家庭裁判所が決定する。

第1599条　父子関係の不存在

⑴　第1592条第1号及び第2号並びに第1593条は、父子関係の否認によって、
　　男性が子の父でないことが確定裁判によって確認されたときには、適用され
　　ない。

⑵　第1592条第1号及び第1593条は、離婚申立てが係属した後に子が出生し、
　　かつ、離婚申立てを認容する決定が確定してから遅くとも1年が経過するま
　　でに第三者が認知をした場合においても、適用されない。第1594条第2項は
　　適用されないものとする。その認知には、第1595条及び第1596条により必要
　　とされる意思表示に加えて、子の出生時点において子の母と婚姻している
　　男性の同意を要する。この同意については、第1594条第3項及び第4項、第
　　1596条第1項第1文ないし第3文、第1597条第1項及び第2項、並びに前条
　　第1項が準用される。認知は、離婚申立てを認容する決定が確定して初めて
　　効力を生ずる。

第1600条　否認権者

⑴　次に掲げる者は、父子関係を否認する権利を有する。

　1．第1592条第1号及び第2号又は第1593条により父子関係が存在する男性

2．懐胎期間中に子の母と性交渉をもった旨を宣誓に代えて保証した男性

3．母

4．子

(2)　前項第2号に定める者による否認は、子と前項第1号に定める父との間に社会的家族関係が存在していないこと、又は父の死亡時に社会的家族関係が存在していなかったこと、かつ、否認者が子の生物学上の父であることを要件とする。

(3)　前項に定める社会的家族関係は、第1項第1号に定める父が基準時点において子に対して事実上の責任を負っている、又は負っていたときに、存在するものとする。事実上の責任の引受けは、原則として、第1項第1号に定める父が子の母と婚姻している場合、又は子と長期間にわたって家政共同体において共同で生活していた場合に存在するものとする。

(4)　子が男性と母の同意によって、第三者の提供精子を用いた人工授精によって懐胎したときは、当該男性又は母による父子関係の否認は認められない。

第1600a条　否認の一身専属性、行為無能力者又は制限行為能力者による否認

(1)　父子関係の否認は、任意代理人によってすることはできない。

(2)　前条第1項第1号ないし第3号に定める否認権者については、本人のみが父子関係を否認することができる。このことは、否認権者が行為能力を制限されているときにも同様であり、そのために、法定代理人の同意を得ることを要しない。否認権者が行為無能力者であるときには、その法定代理人のみが否認することができる。

(3)　行為無能力者又は制限行為能力者である子については、法定代理人のみが否認することができる。

(4)　法定代理人による否認は、本人の福祉に資する場合にのみ認められる。

(5)　行為能力者である被世話人については、本人のみが父子関係を否認することができる。

第1600b条　否認権行使の期間

(1)　父子関係は、2年以内に裁判によって否認することができる。否認権行使

の期間は、否認権者が父子関係を否定する事情を知った時点から起算する。第1600条第2項に定める第一の場合における社会的家族関係の存在は、この期間の進行を妨げない。

(1a)（削除）

⑵　否認権行使の期間は、子が出生するまで、かつ、認知が効力を有するまでは開始しない。第1593条第4項の場合において、否認権行使の期間は、母の後婚の夫が子の父でないことを確認する裁判が確定するまで、開始しない。

⑶　未成年の子の法定代理人が、法定期間内に父子関係を否認しなかったときは、その子は成年に達した後、自ら否認することができる。この場合において、その否認権行使の期間は、子が成年に達するまで、かつ、子が父子関係を否定する事情を知る時点まで開始しない。

⑷　行為無能力者の法定代理人が法定期間内に父子関係を否認しなかったときは、否認権者は、行為無能力でなくなった後、自ら否認することができる。前項第2文は準用される。

⑸　否認権行使の期間は、第1598a条第2項により裁判手続が開始した場合には進行を停止する。第204条第2項は準用される。否認権行使の期間は、否認権者が、強迫によって違法に否認を妨げられているときにも、その限りにおいて進行を停止する。それ以外の場合には、第204条第1項第4号、第8号、第13号、第14号及び第2項、並びに第206条及び第210条が準用される。

⑹　子が、自らにとって父子関係の存在を受け入れ難いものとする事情を知ったときは、第1項第1文に定める否認権行使の期間は、子についてこの時点から新たに進行する。

第1600c条　否認手続における父子関係の推定

⑴　父子関係の否認手続においては、子は、第1592条第1号及び第2号、並びに第1593条により父子関係が存在する男性と出自関係にあると推定される。

⑵　前項による推定は、父子関係を認知した男性が父子関係を否認し、かつ、その認知に第119条第1項又は第123条により意思表示の瑕疵がある場合には、適用されない。この場合においては、第1600d条第2項及び第3項を準

用するものとする。

第1600d条　父子関係の裁判上の確認

⑴　第1592条第１号及び第２号、並びに第1593条により父子関係が存在しないときは、父子関係を裁判によって確認することができる。

⑵　父子関係の裁判上の確認の手続においては、子の懐胎期間中に母と性交渉をもった男性が父であると推定される。当該推定は、父子関係に重大な疑いがあるときは、適用されない。

⑶　懐胎期間は、子の出生の300日前から181日前までの期間とし、300日目及び181日目を含むものとする。子が第１文の期間外に懐胎されたことが確認されたときは、この異なる期間が懐胎期間とみなされる。

⑷　臓器移植法第１a条第９号に定める医療提供施設における生殖補助医療による人工授精によって、精子提供者登録法第２条第１項第１文に定める採取施設に提供者が提供した精子を用いて子がもうけられたときは精子提供者を子の父であると確認することはできない。

⑸　父子関係の法的効力は、法律に別段の定めがない限り、父子関係が確認された時点から主張することができる。

第３節　扶養義務

第１款　総則

第1601条　扶養義務者

直系血族は、互いに扶養をする義務を負う。

第1602条　要扶養性

⑴　扶養を受ける権利を有するのは自ら生計を維持することができない者のみである。

⑵　未成年の子は、財産を有する場合であっても、その財産からの収益及びその労働による所得が生計を維持するのに十分でない限りにおいて、両親に対して扶養を提供するよう求めることができる。

第1603条　扶養能力

(1) 扶養義務者が、自己のその他の義務を考慮した場合に、自らの適切な生計維持を危険にさらすことなく扶養を提供することができないときは、扶養義務を負わない。

(2) 両親がこのような状況にある場合には、両親は、未成年の子に対し、処分可能な全ての資産を、自分達とその子らの生計維持のために、均等に用いる義務を負う。21歳に満たない未婚の成年の子は、両親又は親の一方と世帯を同じくし、かつ、普通学校教育を受けている限り、未成年の子と同様に扱うものとする。この義務は、扶養義務を負う他の血族が存在する場合には生じない。この義務は、自らの資産の元本によって生計を維持することができる子に対しても生じない。

第1604条　婚姻財産制の影響

扶養義務者が婚姻財産共同制のもとで生活している場合には、合有財産がその者に属しているものとして、その者の血族に対する扶養義務を定める。婚姻財産共同制で生活している当事者双方に扶養を要する血族がいる場合には、要扶養者が、扶養義務者双方との間に扶養義務者の扶養義務を基礎づける血族関係を有するものとして、その合有財産から扶養しなければならない。

第1605条　情報提供義務

(1) 直系血族は、請求により、扶養請求権又は扶養義務の確定に必要な限りにおいて、自らの収入及び財産について情報を提供する義務を互いに負う。収入額については、請求により、証拠、特に使用者の証明書を呈示しなければならない。第260条及び第261条が準用される。

(2) 2年が経過するまでは、情報提供義務を負う者がその後に著しく高い収入又は新たな財産を取得したことが疎明された場合にのみ、新たに情報提供を求めることができる。

第1606条　複数の義務者の順位

(1) 卑属は、尊属よりも先順位で扶養義務を負う。

(2) 卑属の間、及び尊属の間では、より親等の近い者がより親等の遠い者よりも先順位で、責任を負う。

(3) 同じ親等にある複数の血族は、その収入状況及び財産状態に応じて、按分して責任を負う。未成年の子を養育する親の一方は、原則として、子を監護及び教育することによって、子の扶養に寄与する義務を履行する。

第1607条　補完的責任及び債権の法定移転

(1) ある血族が第1603条により扶養義務を負わない限りにおいて、次順位で責任を負う血族は、扶養を行わなければならない。

(2) ドイツ国内における血族に対する訴訟追行が不可能である、又は著しく困難である場合には、前項と同様とする。その血族に対する扶養請求権は、第1項により義務を負う他の血族が扶養を行う限りにおいて、この血族に移転する。

(3) 親の一方に対する子の扶養請求権は、前項第1文の要件のもとで、この親の一方に代えて、扶養義務を負わない他の血族又はもう一方の親の婚姻当事者が扶養を行う限りにおいて、この者に移転する。第1文は、第三者が父として子に扶養を提供する場合に準用される。

(4) 扶養請求権の移転は、扶養権利者の不利益になるように主張することはできない。

第1608条　婚姻当事者又は生活パートナーの責任

(1) 要扶養者の婚姻当事者は、その血族よりも先順位で責任を負う。ただし、その婚姻当事者が自己のその他の義務を考慮した場合に、自らの適切な生計維持を危険にさらすことなしに扶養を提供することができない限りにおいて、血族は、その婚姻当事者よりも先順位で責任を負う。前条第2項及び第4項は準用される。要扶養者の生活パートナーは、婚姻当事者と同様に責任を負う。

(2) （削除）

第1609条　複数の扶養権利者の順位

扶養権利者が数人あり、かつ、扶養義務者が全ての者に扶養を提供することができないときは、次に掲げる順位が適用される。

1. 未成年の子、及び第1603条第2項第2文に定める子

2．子の世話を理由に扶養の権利を有している親の一方、又は離婚した場合に子の世話を理由に扶養の権利を有するであろう親の一方、並びに婚姻が長期に及ぶ場合の婚姻当事者及び離婚した婚姻当事者。婚姻が長期に及ぶものか否かを確定するに当たっては、第1578b条第1項第2文及び第3文に定める不利益を考慮する。

3．前号に該当しない婚姻当事者及び離婚した婚姻当事者

4．第1号に該当しない子

5．孫及びその他の卑属

6．親

7．その他の尊属。その尊属の間では、親等が近い者が遠い者に優先する。

第1610条　扶養の程度

(1)　提供されるべき扶養の程度は、要扶養者の生活上の地位によって定められる（適切な扶養）。

(2)　扶養は、適切な職業教育を含めた生活に必要なもの全てを含み、養育を必要とする者については養育費も含む。

第1610a条　損害に起因する追加支出における充足の推定

身体の傷害又は健康被害のために生じた支出について社会保障給付が請求される場合には、扶養請求権の確定に当たって、その支出額がその社会保障給付の額を下回らないものと推定される。

第1611条　扶養義務の制限又は消滅

(1)　扶養権利者がその道徳上の責に帰すべき事由によって要扶養状態となった場合、扶養義務者に対する自己の扶養義務を著しく怠っていた場合、又は扶養義務者若しくはその者の近親者に対して故意に重大な過誤を犯した場合には、扶養義務者は、衡平にかなう額のみを給付することで足りる。扶養義務者に対して請求することが、著しく衡平に反するときは、扶養義務は完全に消滅する。

(2)　前項の規定は、未成年の子に対する両親の扶養義務に適用してはならない。

(3)　要扶養者は、以上の規定により自己の扶養請求権が制限されたことを理由に、他の扶養義務者に対して請求することはできない。

第1612条　扶養の提供方法

(1)　扶養の提供は、定期金の支払によってされるものとする。扶養義務者は、特別な理由により正当とされる場合には、他の方法により扶養を提供することを認めるよう求めることができる。

(2)　両親が未婚の子を扶養しなければならない場合には、両親は、子の利益を適切に考慮する限り、いかなる方法で、どの程度の期間前もって扶養を提供するかについて決めることができる。子が未成年であるときは、子の身上に関する配慮を有しない親の一方は、子がその世帯に受け入れられている期間についてのみ決めることができる。

(3)　定期金は、月ごとに前もって支払うものとする。扶養権利者が月の途中に死亡した場合であっても、扶養義務者は、月額の全額を支払う義務を負う。

第1612a条　未成年の子の最低扶養料、法規命令への授権

(1)　未成年の子は、同一世帯で生活していない親に対し、各々の最低扶養料の百分率で示された額の扶養料を請求することができる。最低扶養料は、未成年の子のための非課税の物質的な最低生活費を基準とする。最低扶養料は、毎月、子の年齢に応じて、未成年の子のための非課税の物質的な最低生活費に次の百分率を乗じた額とする。

　１．子が６歳に達するまでの期間（第一年齢区分）について87％

　２．子が６歳から12歳に達するまでの期間（第二年齢区分）について100％

　３．子が13歳以上の期間（第三年齢区分）について117％

(2)　百分率は、小数第一位までとする。それ以下の小数位は、切り捨てる。扶養額の算定により生じた額は、ユーロ単位に切り上げる。

(3)　より高い年齢区分の扶養料は、子が当該年齢に達する月の初日から、基準として適用される。

(4)　連邦司法及び消費者保護省は、2016年１月１日を最初の期日として最低扶養料を確定し、その後は２年ごとに、連邦参議院の同意を要しない法規命令

によって、最低扶養料を確定する。

(5) （削除）

第1612b条　児童手当による金銭的な必要性の充足

(1) 子に支給される児童手当は、次に掲げる範囲で、当該子の金銭的需要を充足するために、用いるものとする。

　1．親の一方が子の世話により自己の扶養義務を履行する場合（第1606条第3項第2文）においては、半額

　2．その他全ての場合においては、全額

　　子の金銭的な必要性の額は、以上の児童手当の分だけ縮減する。

(2) 両親の共通の子ではない子のために児童手当が増額されたときは、この児童手当の増額分は、子の金銭的な必要性の額を縮減しないものとする。

第1612c条　児童に関係するその他の給付の算入

　前条は、児童に関する定期金給付が児童手当の請求権を排除する限りにおいて、この給付に準用される。

第1613条　過去分の扶養

(1) 扶養権利者は、扶養請求権を行使する目的で扶養義務者にその収入及び財産についての情報提供を請求した時点、扶養義務者が遅滞に陥った時点又は扶養請求の訴えが係属した時点からのみ、過去分について、履行、又は不履行を理由とする損害賠償を求めることができる。第1文で掲げた事項が生じた時点において、要件を満たす扶養請求権が存在していたときは、扶養義務者は、その事項が生じた月の初日から、扶養の義務を負う。

(2) 扶養権利者は、次に掲げる理由に基づいて、又は次に掲げる期間について、第1項の制限を受けることなく、過去分の履行を求めることができる。

　1．通常とは異なる、特に高い必要性（特別な必要性）が生じたこと。その発生から1年を経過した後は、扶養義務者がそれ以前に遅滞に陥っていた、又は扶養請求権に係る訴えが係属していた場合にのみ、その扶養請求権を行使することができる。

　2．権利者が、

a) 法的理由により、又は

b) 扶養義務者が責任を負う範囲に含まれる事実上の理由により、

扶養請求権の行使を妨げられていた期間であること。

(3) 前項第２号の場合において、扶養権利者は、全額の履行又は即時の履行が扶養義務者にとって不当に苛酷である限り、履行を全く、又はその金額の一部若しくはより後の時点での履行しか求めることができない。第三者が扶養義務者に代わり扶養を提供したことを理由に、扶養義務者に償還を請求するときにも、同様とする。

第1614条　扶養請求権の放棄、前払

(1) 将来分について扶養を放棄することはできない。

(2) 扶養義務者は、前払をしたときは、扶養権利者に新たな必要性が生じた場合において、第760条第２項が定める期間についてのみ、又は扶養義務者が自ら期間を定めなければならなかった場合には諸事情に鑑みて適切な期間について、扶養義務を免れる。

第1615条　扶養請求権の消滅

(1) 扶養請求権は、それが過去分の履行、若しくは不履行を理由とする損害賠償を目的とするのでない限り、又は扶養権利者若しくは扶養義務者の死亡時を履行期とし、先履行すべき給付を目的とするのでない限り、権利者又は義務者の死亡により、消滅する。

(2) 扶養権利者が死亡したときは、その相続人が葬儀費用を負担できない限りにおいて、扶養義務者が負担しなければならない。

第２款　子及びその婚姻していない両親に関する特別規定

第1615a条　適用規定

子について、第1592条第１号及び第1593条による父子関係が存在せず、かつ、両親の婚姻中に子が生まれておらず、両親が子の出生後も婚姻を締結していないときは、以下に定める規定に別段の定めがない限り、総則の規定を適用する。

第1615b条から第1615k条　（削除）

第1615l条 出産による母及び父の扶養請求権

⑴ 父は、子の出生前6週間及び出生後8週間の間、母に対し扶養を提供しなければならない。この期間外に懐胎又は出産によって生じた費用についても同様とする。

⑵ 母が、懐胎のために、又は懐胎若しくは出産による疾病のために、所得活動に従事することができないことから、それを行っていない限りにおいて、父は、母に対して前項第1文に掲げられた期間を超えて扶養を提供する義務を負う。子の監護又は養育のために、母に所得活動を期待できないときにも、同様とする。扶養義務は、早くとも出生の4か月前から始まり、少なくとも出生後3年間存続する。扶養義務は、衡平にかなう限りにおいて、延長される。この場合において、とりわけ子の利益及びあり得る子の世話の可能性が考慮されなければならない。

⑶ 血族間の扶養義務に関する規定は、準用するものとする。父の扶養義務は、母の血族の扶養義務に優先する。第1613条第2項は、準用される。扶養請求権は、父の死亡によっては、消滅しない。

⑷ 父が子を世話するときは、父は、母に対して、第2項第2文による請求権を有する。前項は、この場合に準用される。

第1615m条 母のための葬儀費用

母が、懐胎又は分娩のために死亡したときは、母の相続人が葬儀費用を負担できない限りにおいて、父が負担しなければならない。

第1615n条 父の死亡又は死産の場合における請求権の不消滅

第1615l条及び前条による請求権は、父が子の出生前に死亡した場合、又は死産であった場合においても、認められる。流産の場合については、第1615l条及び前条が準用される。

第4節 親と子の間の法律関係全般

第1616条 両親が婚氏を称する場合における出生氏

子は、その出生氏として、両親の婚氏を取得する。

第1617条　両親が婚氏を称さず、かつ、共同配慮を有している場合の出生氏

(1)　両親が婚氏を称しておらず、共同配慮を有しているときは、両親は、身分登録局に対する意思表示によって、父又は母が意思表示の時点で称している氏のいずれかを子の出生氏と定める。出生の登録後になされた意思表示は、公に認証されなければならない。両親による出生氏の定めは、第2子以降の子にも適用される。

(2)　両親が子の出生から1か月以内に子の氏を定めないときは、家庭裁判所は、親の一方に決定権を委ねる。この場合に、前項が準用される。裁判所は、親の一方に対して、決定権を行使する期間を定めることができる。この期間を経過しても決定権が行使されないときは、子は、決定権を委ねられた親の氏を取得する。

(3)　子がドイツ国内で出生していない場合において、親の一方若しくは子が申し立てたとき、又はドイツの身分登録簿若しくはドイツの公的な身分証明書に子の氏を記載することが必要であるときに限り、裁判所は、親の一方に前項に定める決定権を委ねる。

第1617a条　両親が婚氏を称さず、単独配慮である場合の出生氏

(1)　両親が婚氏を称しておらず、かつ、親の配慮を親の一方のみが有するときは、子は、出生時にこの親の一方が称していた氏を取得する。

(2)　子の配慮を単独で有する親の一方は、身分登録局に対する意思表示により、他方の親の氏を子に付与することができる。氏の付与には、他方の親の同意を要し、子が5歳に達している場合には、当該子の同意も要する。意思表示は、公に認証されなければならない。第1617c条第1項は、子の同意について準用される。

第1617b条　事後的な共同配慮又は表見上の父子関係の場合における子の氏

(1)　子が既に氏を称している時点において、両親が共同配慮を有することになったときは、共同配慮の開始時から3か月以内に、子の氏を新たに定めることができる。共同配慮の開始時に親の一方の常居所がドイツ国内にないときは、帰国した時から1か月を経過するまでの間は、当該期間は終了しな

い。子が5歳に達した場合において、子の氏にかかる決定は、子がその決定を承諾するときに限り、効力を有する。第1617条第1項、第1617c条第1項第2文及び第3文並びに第3項は、準用される。

(2) その家族氏を子の出生氏とした男性が子の父でないことが確定裁判によって確認されたときは、子の申立てにより、又は子が5歳に達していないときはその男性の申立てによっても、子は、自らの出生時に母が称していた氏を出生氏として取得する。この申立ては、身分登録局に対する意思表示によりなされ、その意思表示は公に認証されなければならない。子の申立てについては、第1617c条第1項第2文及び第3文が準用される。

第1617c条　両親が氏を変更した場合における子の氏

(1) 子が5歳に達した後、両親が婚氏又は生活パートナーシップ氏を定める場合においては、当該婚氏又は生活パートナーシップ氏は、子がその氏の付与を承諾するときに限り、子の出生氏となる。制限行為能力をもつ子が14歳に達したときは、本人のみが意思表示をすることができる。子は、そのために、法定代理人の同意を得なければならない。この意思表示は、身分登録局に対して行うものとし、公に認証されなければならない。

(2) 前項は、次に掲げる場合に準用される。

　1．子の出生氏となっていた婚氏又は生活パートナーシップ氏が変更されたとき。

　2．第1617条、第1617a条及び前条に定める場合において、子の出生氏となっていた親の一方の家族氏が、婚姻の締結又は生活パートナーシップの締結とは異なる理由で変更されるとき。

(3) 出生氏の変更は、子の婚姻の相手方又は生活パートナーも氏の変更を承諾した場合に限り、子の婚氏又は生活パートナーシップ氏に及ぶ。第1項第3文は準用される。

第1618条　氏の付与

　子に対する親の配慮を単独で有している、又は他方の親と共同で有している親の一方、及び子の親ではない婚姻の相手方は、その共同の世帯で受け入れて

いる子に、身分登録局に対する意思表示により、その婚氏を付与することができる。これらの者は、婚氏を意思表示の時に子が称していた氏の前に置く、又は後に付け加えることもできる。前文によりそれ以前に前置又は後置されていた婚氏は消滅する。子に対する婚氏の付与、その従前の氏への前置若しくは後置は、他方の親が、氏を付与する親の一方と共同で配慮を有していた場合、又は子がその者の氏を称していた場合は、他方の親の同意を要する。子が5歳に達しているときは、子の同意も要する。家庭裁判所は、婚氏の付与、その従前の氏への前置又は後置が子の福祉のために必要な場合において、他方の親の同意を代行することができる。意思表示は、公に認証されなければならない。前条は、準用される。

第1618a条　補佐と配慮の義務

親と子は、互いに、補佐し、配慮する義務を負う。

第1619条　家及び事業における役務提供

子は、親の世帯に属し、親に教育又は扶養されている限り、その能力及び生活上の地位に応じた方法で、親の家政及び事業において親に役務を提供する義務を負う。

第1620条　親の家政のための子の支出

親の世帯に属している成年の子が、家政の費用を賄うために自己の財産から費用を支出した場合、又はこのために自己の財産の一部を親に無償で譲った場合において、いずれか不明であれば、補償を求める意図がないものと推定する。

第1621条から第1623条　　（削除）

第1624条　親の財産からの独立資金

(1) 子の婚姻、生活パートナーシップの締結又は独立した生活上の地位の取得に鑑みて、父若しくは母が、収入又は生活上の地位の確立若しくはその維持のために子に与えたもの（独立資金）は、義務が存在しない場合であっても、その独立資金が諸事情、特に父又は母の財産状態に照らして相応の額を超える部分に限り、贈与とみなされる。

(2) 独立資金を与えた者による、権利の瑕疵又は物の瑕疵を理由とした瑕疵担保責任は、その独立資金が贈与とみなされない範囲においても、贈与者の瑕疵担保責任に適用される規定により定める。

第1625条　子の財産からの独立資金

父が、親の配慮、後見又は世話に基づき子の財産を自己の管理下に置いており、子に独立資金を与えた場合において、いずれか不明であるときは、父は、この独立資金をこの子の財産から与えたものと推定する。この規定は、母についても準用される。

第5節　親の配慮

第1626条　親の配慮、原則

(1) 両親は、未成年の子のために配慮する義務を負い、権利を有する（親の配慮）。親の配慮は、子の身上のための配慮（身上配慮）及び子の財産のための配慮（財産配慮）からなる。

(2) 両親は、子の監護及び教育において、子が独立して責任を自覚した行動をとることができる能力が発達し、それに対する意欲が高まることを考慮する。両親は、子の発育の程度にふさわしい限りで、子とともに親の配慮の問題について話し合い、相互理解に努める。

(3) 親双方との交流は、通常、子の福祉にかなう。子が結びつきをもつ者との交流も、その維持が子の成長にとって有益であるときは、同様である。

第1626a条　婚姻していない親の配慮、配慮の意思表示

(1) 両親が子の出生時に婚姻していないときは、両親は、次に掲げる場合には、共同して親の配慮を有する。

　1．両親が親の配慮を共同で引き受ける意思を表示するとき（配慮の意思表示）。

　2．両親が婚姻したとき。

　3．家庭裁判所が両親に共同で親の配慮を委ねるとき。

(2) 家庭裁判所は、親の配慮の委譲が子の福祉に反しないときは、親の一方の

申立てにより、前項第３号に従い親の配慮の全部又は一部を両親に共同で委ねる。他方の親が、共同での親の配慮の引受けが相当でないことの事由を申し述べず、かつ、他の事情に照らしてもこのような事由が明らかではないときは、共同での親の配慮が子の福祉に反しないものと推定する。

(3)　その他の場合においては、母が親の配慮を有する。

第1626b条　配慮の意思表示の特別な有効要件

(1)　条件又は期限を付した配慮の意思表示は、無効である。

(2)　配慮の意思表示は、子の出生前においても行うことができる。

(3)　前条第１項第３号又は第1671条により親の配慮について裁判所の裁判が下されたとき、又はこの裁判が第1696条第１項第１文により変更されたときは、配慮の意思表示は、無効である。

第1626c条　本人による意思表示、制限行為能力者である親

(1)　親は、その本人のみが、配慮の意思表示をすることができる。

(2)　制限行為能力者である親による配慮の意思表示は、その法定代理人の同意を得なければならない。法定代理人本人のみが、同意することができる。前条第１項及び第２項は、準用される。配慮の意思表示が、制限行為能力者である親の福祉に反しないときは、家庭裁判所は、申立てにより法定代理人の同意を代行しなければならない。

第1626d条　方式、通知義務

(1)　配慮の意思表示及び同意は、公に認証されなければならない。

(2)　登録機関は、配慮の意思表示及び同意がなされたことを、子の生年月日及び出生地並びに子がその出生登録時に称していた氏名を記載して、社会法典第８編第87c条第６項第２文により管轄を有する少年局に対して、社会法典第８編第58条に掲げる目的のために、遅滞なく通知する。

第1626e条　無効

配慮の意思表示及び同意は、前条までに定める要件を満たさないときにのみ、無効である。

第1627条　親の配慮の行使

両親は、自己の責任において、合意により、子の福祉のために親の配慮を行使しなければならない。意見が異なるときは、両親は、合意するよう努めなければならない。

第1628条　両親の意見が異なる場合の裁判所による裁判

　両親が、親の配慮に関する個別の事務又は特定の種類の事務であって、その決定が子にとって極めて重要であるものについて合意できないときは、家庭裁判所は、親の一方の申立てにより、親のいずれか一方にその決定権を委ねることができる。家庭裁判所は、その決定権を付与するに当たって、制限を加える又は負担を課すことができる。

第1629条　子の代理

⑴　親の配慮は、子の代理を含む。両親は、共同して子を代理する。子に対して意思表示をするときは、親の一方に対する意思表示で足りる。親の一方が親の配慮を単独で行使するとき、又は親の一方に前条により決定権が委ねられたときは、この親は、単独で子を代理する。遅滞のおそれがあるときは、いずれの親も、子の福祉に必要な全ての法的行為を行う権限を有する。他方の親には、遅滞なく通知しなければならない。

⑵　父及び母は、第1824条により世話人が被世話人について代理権を有しない場合においては、子を代理することができない。両親が子に対して共同で親の配慮を有するときは、子を監護している親の一方は、他方の親に対する子の扶養請求権を行使することができる。家庭裁判所は、第1789条第2項第3文及び第4文により父及び母から代理権を剥奪することができる。ただし、父子関係の確認については、これを適用しない。

(2a)　父及び母は、第1598a条第2項による裁判手続において、子を代理することができない。

⑶　子の両親が婚姻しているとき、又は両親の間に生活パートナーシップが存在するときは、親の一方は、他方の親に対する子の扶養請求権を、次に掲げるいずれかの場合にのみ、自己の名において行使することができる。

　１．両親が別居しているとき。

2．家事事件及び非訟事件の手続に関する法律第269条第1項第1号又は第
2号に定める婚姻事件又は生活パートナーシップ事件が両親の間で係属し
ているとき。

親の一方が得た裁判所の裁判及び両親の間でなされた裁判上の和解は、子
に対して有利にも不利にもその効力を生じる。

第1629a条　未成年者の責任の制限

(1) 両親がその法定代理権の範囲内において、若しくは代理権を有するその他
の者がその代理権の範囲内において、法律行為若しくはその他の行為によっ
て子に対する効力をもって生じさせた債務に対する子の責任、又は未成年の
間に死亡を原因として生じた債務に対する子の責任は、子が成年に達した時
に現存する子の財産に限定される。未成年者が第107条、第108条若しくは第
111条により、その両親の同意を得て行った法律行為から生じた債務、又は
両親が家庭裁判所から許可を得て行った法律行為から生じた債務について
も、同様とする。成年に達した者がこの責任の制限を援用するときは、相続
人の責任に適用する第1990条及び1991条が準用される。

(2) 未成年者が第112条により権限を与えられていた所得活動の独立した営業
から生じた債務について、及び子の個人的な必要性を満たすことのみに資す
る法律行為から生じた債務については、前項は適用されない。

(3) 連帯債務者及び連帯責任者に対する債権者の権利、及び債権のために提供
された担保から生じた又は担保の設定を保障するためになされた仮登記から
生じた債権者の権利は、第1項によって妨げられない。

(4) 成年に達した相続人共同体又は社団の構成員が、成年に達してから3か月
以内に遺産分割を請求しない、又は社団の解散の意思表示をしない場合にお
いて、いずれか不明であるときには、その原因関係から生じた債務は、成年
に達した後に生じたものと推定される。成年に達した事業主が、成年に達し
てから3か月以内に営業を停止しない場合においても同様とする。また、第
1文に掲げる要件の下においては、成年に達した者の現存財産は、その者が
成年に達した時点において既に存在していたものと推定される。

第1630条　保護人選任又は家庭養育における親の配慮

(1)　親の配慮は、保護人が選任されている子の事務には及ばない。

(2)　保護人が、身上配慮又は財産配慮を有する場合において、子の身上及び財産に関わる事務について両親及び保護人が合意に達しないときは、家庭裁判所が決定する。

(3)　両親が子を長期間にわたり家庭養育に委託するときは、家庭裁判所は、両親又は里親の申立てにより、親の配慮の事務を里親に委ねることができる。里親の申立てによる事務の委託は、両親の同意を得なければならない。里親は、事務を委託した範囲内において、保護人と同じ権利を有し、義務を負う。

第1631条　身上配慮の内容及び限界

(1)　身上監護は、とりわけ子を監護し、教育し、監督し、その居所を定める義務及び権利を含む。

(2)　子は、暴力、体罰、精神的苦痛、その他の尊厳を損なう措置を伴わない監護及び教育を受ける権利を有する。

(3)　家庭裁判所は、申立てにより、身上配慮の行使に当たり、適切な場合には、両親を支援しなければならない。

第1631a条　学業及び職業

　学業及び職業に関する事務において、両親は、とりわけ子の適性及び素質を考慮する。疑義が生ずるときには、教師又はその他適切な者に助言を求めなければならない。

第1631b条　自由の剥奪を伴う収容及び自由の剥奪を伴う措置

(1)　自由の剥奪を伴う子の収容は、家庭裁判所の許可を得なければならない。収容は、子の福祉のため、とりわけ自らによる、又は他人からの著しい危害を避けるために必要であり、かつ、他の方法によっても、特に他の公的支援によっても、その危険に対処することができない限りにおいて、認められる。収容は、それを延期することが危険を伴う場合にのみ、事前の許可なしに行うことができる。その場合にも、遅滞なく、事後的に許可を得なければ

ならない。

(2) 子が、病院、養護施設又はその他の施設に滞在しており、機械による器具、医薬品又はその他の方法によって、長期間にわたり、又は定期的に、年齢にそぐわない方法で自由を奪わなければならないときにも、家庭裁判所の許可を得なければならない。前項第2文及び第3文は、準用される。

第1631c条　不妊手術の禁止

両親は、子の不妊手術に同意することができない。子も、自ら不妊手術に同意することはできない。第1809条は、適用されない。

第1631d条　男児の割礼

(1) 割礼が、弁識能力及び判断能力がない男児に対して医学的な必要性なしに行われる場合に、医療技術の定法に従って施術されるときは、身上配慮は、その割礼に同意する権利も含む。ただし、その目的を考慮しても、割礼により子の福祉が危険にさらされる場合には、この限りではない。

(2) 子の出生から6か月以内においては、宗教団体が指定する者も、割礼について専門的訓練を受け、医師ではないが割礼を行うにつき同等の能力を有するときは、前項に定める割礼を行うことができる。

第1631e条　性的発達に特異性のある子の治療

(1) 治療のための他の理由なしに、単に子の身体の外観を男性又は女性の性別に適合させるだけの目的で行われる治療に関しては、身上配慮には、性的発達に特異性のある同意能力のない子について、そのような治療に同意し、又は自らそのような治療を行う権利は含まれない。

(2) 性的発達に特異性のある同意能力のない子について体内又は体外の性的特徴を変更するための手術による侵襲については、それが子の身体の外観を男性又は女性の性別に適合させ得るものであり、かつ、前項によりそれに同意する権利が欠如しているのでないときは、両親は、子が自己決定できるようになるまでその侵襲を延期できない場合に限って、同意を付与することができる。第1809条は適用しないものとする。

(3) 前項第1文に定める同意は、家庭裁判所の許可を必要とする。ただし、

手術による侵襲が、子の生命又は健康に対する危険を除去するのに必要であり、かつ、家庭裁判所の許可が付与されるまで延期できないときは、この限りでない。家庭裁判所の許可は、両親の申立てにより、予定された侵襲が最も子の福祉にかなうときに、付与するものとする。両親が家庭裁判所に対して、次項に定める学際委員会による侵襲を支持する意見書を提出した場合には、予定された侵襲が最も子の福祉にかなうものと推定される。

(4) 学際委員会は、少なくとも以下の者を構成員とするものとする。

1. 第630a条によりその子を治療する者

2. 少なくとももう一名の医師

3. 心理学、児童・少年心理療法学、又は児童・少年精神医学に関する職業上の資格をもつ者一名

4. 倫理学において教育、再教育又は研修を行う者一名

　学際委員会の医師である構成員は、小児医学の異なる専門分野の者でなければならない。その中には、児童青年医学の専門医で、児童内分泌学及び児童糖尿病学を専攻する者を含まなければならない。本項第2号に定める委員会の構成員は、手術による侵襲を行う予定の医療機関において勤務する者であってはならない。委員会の構成員は全て、性的発達に特異性のある子と接した経験のある者でなければならない。委員会は、両親の希望により、性的発達に特異性のある助言者を構成員とするものとする。

(5) 第2項第1文に定める手術による侵襲を支持する学際委員会の意見書には、特に以下の事項を記載しなければならない。

1. 委員会の構成員の氏名及びその資格に関する情報

2. 子の年齢、並びに性的発達の特異性の有無及びその特徴

3. 予定された侵襲の内容及びその特徴

4. 委員会がなぜ子の福祉に鑑みてその侵襲を支持したか、及び委員会の意見によればその侵襲が最も子の福祉にかなうといえるか、特にその侵襲、他の治療方法、又は子が自己決定できるようになるまで侵襲を断念することにどのような危険性があるか。

5. 委員会の構成員が両親及び子と面談をしたか、及びどの委員がそれを行ったか、並びに委員会の構成員が両親と子に対して、その性的発達の特異性に対処する方法について説明及び助言を行ったか、及びどの委員がそれを行ったか。

6. 両親と子に対する助言が、性的発達に特異性のある助言者によって行われたか。

7. 子がどこまで自分の意見をもち、それを表明することができるか、及び予定された侵襲が子の意思にかなうものであるか。

8. 前項第6文により指名された性的発達に特異性のある助言者が、委員会が支持した意見書に賛同しているか。

意見書は、学際委員会の全構成員により署名されなければならない。

(6) 治療によって子の体内又は体外の性的特徴が変更されたときは、第630a条により子を治療する者は、治療を受けた者が48歳に達するまで、その診療記録を保存しなければならない。

第1632条　子の引渡し、交流の定め、家庭養育の継続命令

(1) 身上配慮は、親の双方又は一方に違法に子を引き渡さない全ての者に対して、子の引渡しを請求する権利を含む。

(2) 身上配慮は、子の交流を定める権利をも含み、第三者に対して交流を肯定することも否定することも含む。

(3) 第1項又は前項に定める事務に関する争訟について、家庭裁判所は、親の一方の申立てにより決定をする。

(4) 子が長期間にわたり家庭養育において生活し、かつ、両親が子を里親から連れ戻すことを希望するときは、家庭裁判所は、職権により、又は里親の申立てにより、子を連れ戻すことで子の福祉が危険にさらされるおそれがある場合には、その限りにおいて、子が里親の下にとどまることを命ずることができる。家庭裁判所は、それに加えて、以下のいずれの要件も満たされるときは、第1文に定める手続において、職権により、又は里親の申立てにより、子が長期にわたって里親の下にとどまることも命ずることができる。

1．両親による子の養育状態が、適切な助言及び支援措置が提供されたにも
かかわらず、子の発達段階に照らして許容し得る期間内に抜本的に改善せ
ず、かつ、将来それが改善することも相当の蓋然性をもって期待し得ない
こと。

2．その命令が、子の福祉のために必要であること。

第1633条　（削除）

第1634条から第1637条　（削除）

第1638条　財産配慮の制限

(1) 被相続人が終意処分によって、又は贈与者が贈与の際に、両親がその財産
を管理しないものとする旨を定めたときは、財産配慮は、子が死亡を原因と
して、又は贈与者の死亡時若しくは生前の贈与により取得した財産には及ば
ない。

(2) 同様に、両親は、子が前項の財産に属する権利に基づいて取得したもの、
その財産に属する物の滅失、毀損若しくは収奪の代償として取得したもの、
又はその財産に関する法律行為によって取得したものを、管理することがで
きない。

(3) 終意処分によって、又は贈与の際に、親の一方が財産を管理しない旨が定
められたときは、他方の親がその財産を管理する。その限りにおいては、こ
の者が子を代理する。

第1639条　被相続人又は贈与者の指図

(1) 両親は、子が死亡を原因として、又は贈与者の死亡時若しくは生前の贈与
により取得したものを、終意処分によって又は贈与の際になされた指図に
従って管理しなければならない。

(2) 第1837条第2項は、準用される。

第1640条　財産目録

(1) 両親は、その管理の下にある、子が死亡を原因として取得した財産の目録
を作成し、財産目録が正確かつ完全であることを保証し、家庭裁判所に提出
しなければならない。死亡の場合に子が取得したそれ以外の財産、扶養の代

わりに提供された補償、及び贈与についても同様とする。家財道具について
は、総額の記載で足りる。

(2) 次のいずれかの場合には、前項は適用しない。

1. 取得した財産の価額が15,000ユーロを超えないとき。

2. 被相続人が終意処分によって、又は贈与者が贈与の際に、別段の定めを
したとき。

(3) 両親が第1項及び前項に違反して財産目録を提出しない、又は提出された
財産目録に不備があるときは、家庭裁判所は、管轄官庁若しくは権限のある
公務員又は公証人に財産目録を作成するよう命ずることができる。

第1641条　贈与の禁止

両親は、子を代理して、贈与をすることができない。ただし、道徳的義務又
は儀礼としての配慮にふさわしい贈与は、この限りではない。

第1642条　金銭の運用

両親は、その管理の下にある子の金銭について、支出を賄うために備えてお
く必要がない限り、経済的な財産管理の原則に従って運用しなければならな
い。

第1643条　許可を要する法律行為

(1) 両親は、第1850条ないし第1854条により世話人が世話裁判所の許可を得な
ければならない場合において、本条第2項ないし第5項において別段の定め
がない限り、家庭裁判所の許可を得なければならない。

(2) 不動産担保権に関する処分及びその処分のための義務の設定について
は、第1850条による許可を要しない。

(3) 子を単独で又は他方の親と共同して代理する親の一方の相続放棄によって
初めて、子に対して相続又は遺贈の効力が生ずるときは、この親が子ととも
に相続人であった場合にのみ、第1851条第1号の例外として、許可を必要と
する。遺産分割契約及び子が共同相続関係から離脱する旨の合意には、許可
を要しない。

(4) 両親は、第1853条第1文第1号の例外として、その契約関係が、子が成年

に達した後１年を超えて継続する予定であるときは、使用賃貸借契約若しくは用益賃貸借契約、又はそれ以外の子が定期金給付の義務を負う契約を締結するために、許可を得なければならない。次に掲げる場合には、許可を要しない。

1．それが職業教育契約、雇用契約又は労働契約に関するものであるとき。

2．その契約が子にとって軽微な経済的意味しかもたないとき。

3．子が、成年に達した後20歳に達するまでの間に、何ら不利益を被ることなく、その契約関係を解約できるとき。

第1853条第１文第２号は、適用されない。

(5) 第1854条第６号ないし第８号は、適用されない。

第1644条 許可を要する法律行為に関する補充的規定

(1) その法律行為が、経済的な財産管理の原則に照らして、子の福祉に反しないときは、家庭裁判所は、許可を与える。

(2) 第1860条第２項は、準用される。

(3) 第1855条ないし第1856条第２項並びに第1857条及び第1858条は、許可の付与について準用される。子が成年に達したときは、家庭裁判所の許可とあるのは、子の追認として読み替えるものとする。

第1645条 所得活動に関する報告義務

両親は、子の名義による新たな所得活動の開始、種類及び範囲を、家庭裁判所に報告しなければならない。

第1646条 子の資産による取得

(1) 両親が子の資産によって動産を取得するときは、その所有権は、取得と同時に子に移転する、ただし、両親が子の計算においてそれを取得する意図を有していないときは、この限りではない。特に、無記名証券及び白地裏書を備えた指図証券についても同様とする。

(2) 両親が、子の資産によって、前項に定める種類の物に対する権利、又は債権譲渡契約だけで譲渡できる他の権利を取得する場合については、前項の規定が準用される。

第1647条　（削除）

第1648条　費用償還

　両親が身上配慮又は財産配慮を行使する際に、その事情の下で必要であると考えて差し支えない費用を支出したときは、両親は、その費用が自らが負担すべき費用ではない限り、子にその償還を請求することができる。

第1649条　子の財産から生じる収益の利用

⑴　財産の通常の管理のために必要とされない、子の財産からの収益は、子の扶養のために利用するものとする。財産からの収益では子の扶養に十分でない限りにおいて、子が自らの労働によって取得した、又は第112条により許可された所得活動の独立した営業によって取得した収入を利用することができる。

⑵　両親は、財産の通常の管理のため及び子の扶養のために必要としない財産からの収益を、当事者の財産状態及び所得状態に照らして衡平にかなう限りにおいて、自らの扶養のため、及び子の未成年の兄弟姉妹の扶養のために利用することができる。

第1650条から第1663条　（削除）

第1664条　両親の責任制限

⑴　両親は、親の配慮を行使する際に、子に対して、自己の事務において通常払うのと同じ注意についてのみ責任を負うものとする。

⑵　親の双方は、損害について責任を負うときは、連帯債務者として責任を負う。

第1665条　（削除）

第1666条　子の福祉が危険にさらされる場合の裁判所の措置

⑴　子の身体的、精神的若しくは情緒的な福祉、又はその財産に危険を生じさせ、かつ、両親が危険を回避しようとしない、又は回避できないときは、家庭裁判所は、危険の回避に必要な措置を講じなければならない。

⑵　財産配慮を有する者が子に対する扶養義務若しくは財産配慮に関する義務に違反するとき、又は財産配慮に関する裁判所の命令に従わないときは、通

常、子の財産に危険が生じているものと推定する。

(3) 第1項による裁判所の措置は、特に次に掲げるものを含む。

1．児童及び少年援助並びに保健福祉援助の給付等の公的支援を請求させる命令

2．就学義務を遵守させる命令

3．一時的に、若しくは期間の定めなしに、家族住居又はその他の住居を使用すること、住居周辺の特定の範囲に滞在すること、又は子が通常滞在する特定の他の場所を訪問することの禁止

4．子と連絡を取ること又は子と接触することの禁止

5．親の配慮を有する者の意思表示の代行

6．親の配慮の一部又は全部の剥奪

(4) 身上配慮の事務において、裁判所は、第三者に対する効力を有する措置も講ずることができる。

第1666a条　比例性の原則、公的支援の優先

(1) 両親の家庭から子を引き離すことを伴う措置は、公的支援も含む他の方法によっては危険に対処することができない場合にのみ、認められる。親の一方に対し、一時的に、若しくは期間の定めなしに、家族住居の使用を禁止すべきときも同様とする。親の一方又は第三者に対し、子と同居する住居又は他の住居の使用を禁止する場合において、措置の継続期間を定めるに際しては、住居が所在する不動産の所有権、地上権又は用益地役権をその親の一方又は第三者が有しているか否か考慮しなければならない。このことは、建物区分所有権、継続的居住権、物権的居住権に、又は親の一方若しくは第三者が住居の賃借人である場合に準用される。

(2) 他の措置では効果がないとき、又は危険の回避に足りないと認められるときにのみ、身上配慮の全てを剥奪することができる。

第1667条　子の財産が危険にさらされる場合の裁判所の措置

(1) 家庭裁判所は、両親に子の財産目録を提出し、かつ、管理について計算書を提出するよう命ずることができる。両親は、財産目録が正確かつ完全であ

ることを保証しなければならない。提出された財産目録に不備があるとき
は、家庭裁判所は、管轄官庁又は権限のある公務員若しくは公証人に財産目
録を作成するよう命ずることができる。

(2)　家庭裁判所は、子の金銭を特定の方法で預金し、その引出しには家庭裁判
所の許可を要する旨を命ずることができる。有価証券又は高価品が子の財産
に含まれるときは、家庭裁判所は、子を代理する一方の親に、第1843条ない
し第1845条により世話人が負うのと同様の義務を課すことができる。第1842
条及び第1849条第１項が準用される。

(3)　家庭裁判所は、子の財産を危険にさらしている親の一方に対して、その管
理の下にある財産について担保を供させることができる。担保の供与の方法
及び範囲については、家庭裁判所が裁量により決定する。担保の設定及び終
了に際しての、子の協力は、家庭裁判所の命令をもって代えるものとする。
担保の供与は、第1666条第１項により財産配慮の全部又は一部を剥奪するこ
とによってのみ、強制することができる。

(4)　命じられた措置の費用は、その原因を作出した親の一方が負担する。

第1668条から第1670条　　（削除）

第1671条　両親の別居の場合における単独配慮の移転

(1)　両親が、一時的ではなく別居しており、かつ、親の配慮を共同で有してい
るときは、いずれの親も、家庭裁判所に対して、親の配慮の全部又は一部を
自身にのみ委ねるよう申し立てることができる。この申立ては、次に掲げる
場合に限り、認容するものとする。

　１．他方の親が同意するとき。ただし、子が14歳に達しており、かつ、親の
　　配慮の移転に反対するときは、この限りではない。

　２．共同配慮の終了及び申立人への配慮の移転が子の福祉に最もかなうと期
　　待されるとき。

(2)　両親が、一時的ではなく別居しており、かつ、第1626a条第３項により母
が親の配慮を有するときは、父は、家庭裁判所に対して、親の配慮の全部又
は一部を自身にのみ委ねるよう申し立てることができる。この申立ては、次

に掲げる場合に限り、認容するものとする。

1．母が同意するとき。ただし、親の配慮の移転が子の福祉に反するとき、又は子が14歳に達しており、かつ、親の配慮の移転に反対するときは、この限りではない。

2．共同配慮を想定することができず、かつ、父への親の配慮の移転が子の福祉に最もかなうと期待されるとき。

(3) 第1751条第１項第１文により母の配慮が停止しているときは、第1626a条第２項により自らに共同の親の配慮を委ねるよう求める父の申立ては、前項による申立てとみなす。この申立ては、父への親の配慮の移転が子の福祉に反しない場合に限り、認容するものとする。

(4) 第１項及び第２項による申立ては、他の規定により親の配慮について別段の定めをしなければならない限り、認容されない。

第1672条　（削除）

第1673条　法的障害による親の配慮の停止

(1) 親の一方が行為無能力者であるときは、この親の配慮は、停止する。

(2) 親の一方が行為能力を制限されているときも同様とする。この親は、子の法定代理人とともに、子に対する身上配慮を有する。子の親は、子を代理する権限を有しない。この親と子の法定代理人の意見が一致しない場合において、子の法定代理人が後見人又は保護人であるときは、未成年である親の一方の意見が優先される。その他の場合においては、第1627条第２文及び第1628条が適用される。

第1674条　事実上の障害による親の配慮の停止

(1) 親の一方が長期間にわたり親の配慮を事実上行使できないことを家庭裁判所が確認したときは、その親の配慮は、停止する。

(2) 停止の原因が消滅したことを家庭裁判所が確認したときは、親の配慮は、回復する。

第1674a条　内密出産による子についての親の配慮の停止

妊娠葛藤法第25条第１項に定める内密出産によって出生した子については、

両親の配慮は、停止する。親の一方が家庭裁判所に対して子の出生登録に必要な届出をしたことを家庭裁判所が確認したときは、親の配慮は、回復する。

第1675条　停止の効果

　親の一方は、自らの親の配慮が停止している限り、これを行使する権限を有しない。

第1676条　（削除）

第1677条　死亡宣告による配慮の終了

　失踪法の規定により親の一方が死亡宣告を受けたとき、又はその死亡時が確定したときは、その親の配慮は、死亡時とみなされた時に終了する。

第1678条　事実上の障害又は親の配慮の停止による他方の親に対する効果

⑴　親の一方が親の配慮の行使を事実上妨げられているとき、又はその親の配慮が停止しているときは、他方の親は、親の配慮を単独で行使する。前者の親が第1626a条第3項又は第1671条により親の配慮を単独で有するときは、この限りでない。

⑵　第1626a条第3項又は第1671条により親の一方が単独で有する親の配慮が停止し、かつ、停止の原因が消滅する見込みがない場合において、子の福祉に反しないときは、家庭裁判所は、親の配慮を他方の親に委ねなければならない。

第1679条　（削除）

第1680条　親の一方の死亡又は配慮権の剥奪

⑴　両親が親の配慮を共同で有していた場合において、その一方が死亡したときは、生存する他方の親が、親の配慮を有する。

⑵　第1626a条第3項又は第1671条により親の配慮を単独で有する親の一方が死亡した場合において、子の福祉に反しないときは、家庭裁判所は、生存する他方の親に親の配慮を委ねなければならない。

⑶　第1項及び前項は、親の一方から親の配慮が剥奪されたときについて準用される。

第1681条　親の一方の死亡宣告

⑴　前条第１項及び第２項は、失踪法の規定に従って親の一方が死亡宣告を受けたため、又は死亡時が確定したために、親の配慮が終了した場合について準用される。

⑵　前項に定める親の一方が生存していた場合において、子の福祉に反しないときは、家庭裁判所は、申立てにより、第1677条により基準となる時点より前にこの親が有していた範囲で親の配慮をこの者に委ねなければならない。

第1682条　関係者のための居住継続命令

　子が長期間にわたり親の一方及びその婚姻当事者との家庭において生活していた場合において、他方の親が、第1678条、第1680条及び前条により子の滞在を単独で定めることができるに至り、子を親の一方の婚姻当事者から引き離そうとするときは、家庭裁判所は、職権により、又はその婚姻当事者の申立てにより、子を引き離すことで子の福祉が危険にさらされるおそれがある場合に、その限りにおいて、子にその婚姻当事者のもとに留まるよう命ずることができる。第１文は、子が長期間にわたり親の一方及びその生活パートナーとの、又は第1685条第１項により交流権を有する成年者との家庭において生活していた場合について準用される。

第1683条　（削除）

第1684条　子の両親との交流

⑴　子は、いずれの親とも交流する権利を有する。いずれの親も、子と交流する義務を負い、権利を有する。

⑵　両親は、子と他方の親との関係を損なうこと、又は子の教育を困難にすることを一切行ってはならない。子が他の者によって監護されている場合も同様とする。

⑶　家庭裁判所は、交流権の範囲について決定し、その行使について、第三者との関係においても、詳細に定めることができる。家庭裁判所は、命令によって、当事者に前項に定める義務を履行するよう促すことができる。その者が、継続して又は繰り返し前項に定める義務に著しく違反するときは、家庭裁判所は、交流を実施するための保護を命ずることができる（交流

保護）。交流保護は、交流を実施するために子の引渡しを求め、交流実施中について子の居所を定める権利を含む。この命令には、期限を付すものとする。交流保護の費用の償還及び交流保護人の報酬については、家事事件及び非訟事件の手続に関する法律第277条が準用される。

(4) 家庭裁判所は、子の福祉のために必要である限りにおいて、交流権、又は交流権に関する以前の決定の実施を制限又は排除することができる。交流権又はその実施を長期間にわたって又は継続して制限又は排除する決定は、その決定をしなければ子の福祉を危険にさらすおそれがある場合にのみ、下すことができる。家庭裁判所は、とりわけ、協力する第三者が同席する場合にのみ、交流を行うことができる旨を命ずることができる。この第三者は、少年援助を行う公的機関又は社団でもよい。この社団は、その都度、誰がこの職務を行うかを決定する。

第1685条　子とそれ以外の関係者との交流

(1) 祖父母及び兄弟姉妹は、それが子の福祉に資する場合に、子と交流する権利を有する。

(2) 子と親密な関係にある者が、子に対して事実上の責任を負っている又は負っていたときは（社会的家族関係）、この関係者についても同様とする。その者が、子と長期間にわたり家庭共同体において共同で生活していたときは、通常、子に対して事実上の責任を引き受けていたものと推定される。

(3) 前条第2項ないし第4項が準用される。家庭裁判所は、第1666条第1項の要件が満たされる場合にのみ、前条第3項第3文ないし第5文により交流保護を命ずることができる。

第1686条　子の個人的状況に関する情報

いずれの親も、正当な利益があるときに、子の福祉に反しない限りにおいて、他方の親に対して子の個人的状況に関する情報を求めることができる。

第1686a条　生物学上の父であるが法律上の父ではない者の権利

(1) 他の男性について父子関係が存在している限り、子に対する真摯な関心を示した生物学上の父は、次に掲げる権利を有する。

1．交流が子の福祉に資するときは、子と交流する権利

2．生物学上の父が正当な利益を有し、かつ、子の福祉に反しないときは、双方の親に対して、子の個人的状況に関する情報を提供するよう求める権利

(2)　前項第1号に定める子と交流する権利については、第1684条第2項ないし第4項が準用される。家庭裁判所は、第1666条第1項の要件が満たされる場合にのみ、第1684条第3項第3文ないし第5文に定める交流保護を命ずることができる。

第1687条　別居の場合における共同配慮の行使

(1)　親の配慮を共同で有する両親が、一時的ではなく別居しているときは、その定めが子にとって重大な意義を有する事務について決定する際に、親双方の合意を必要とする。他方の親の同意を得て、又は裁判所の決定に基づいて、子が通常そのもとに居住する親の一方は、日常生活の事務において単独で決定する権限を有する。日常生活の事務における決定は、通常、頻繁に生じ、かつ、子の発育に重大な変化をもたらすような効果をもたない決定である。この親の一方の同意を得て、又は裁判所の決定に基づいて、子が他方の親のもとに居住する限り、この他方の親は、事実上の世話に関する事務において単独で決定する権限を有する。第1629条第1項第4文及び第1684条第2項第1文は、準用される。

(2)　家庭裁判所は、子の福祉のために必要であるときは、前項第2文及び第4文の権限を制限又は排除することができる。

第1687a条　配慮権を有しない親の決定権限

親の配慮を有しないが、他方の親若しくは配慮を有する他の者の同意を得て、又は裁判所の決定に基づいて、そのもとに子が居住する親については、前条第1項第4文及び第5文並びに第2項が準用される。

第1687b条　婚姻当事者の配慮権に基づく権限

(1)　単独配慮権者である親の婚姻当事者であり、子の親ではない者は、配慮権者である親の同意を得て、子の日常生活の事務において共同で決定する権限

を有する。第1629条第2項第1文は、準用される。

(2)　遅滞の危険があるときは、この単独配慮権を有する親の婚姻当事者は、子の福祉のために必要とされる全ての法的行為を行う権限を有する。ただし、配慮権者である親には、遅滞なく報告するものとする。

(3)　家庭裁判所は、子の福祉のために必要であるときは、第1項に定める権限を制限又は排除することができる。

(4)　婚姻の両当事者が、一時的ではなく別居しているときは、第1項に定める権限は認められない。

第1688条　里親の決定権限

(1)　子が、長期間にわたり家庭養育において生活しているときは、里親は、日常生活の事務において決定をし、その事務において親の配慮を有する者を代理する権限を有する。里親は、子の労働による収入を管理し、子のための扶養給付、保険給付、年金給付及びその他の社会保障給付を請求し、管理する権限を有する。第1629条第1項第4文は、準用される。

(2)　社会法典第8編第34条、第35条並びに第35a条第2項第3号及び第4号に定める援助として、子の教育と世話を引き受けた者も、里親と同じ扱いとする。

(3)　第1項及び前項は、親の配慮を有する者が別段の意思表示をするときには、適用しない。家庭裁判所は、子の福祉のために必要であるときは、第1項及び前項に定める権限を制限又は排除することができる。

(4)　第1632条第4項又は第1682条に定める裁判所の決定に基づいて、子がそのもとに居住する者については、第1項及び前項の規定は、家庭裁判所のみがこれらの規定に定める権限を制限又は排除することができるとの条件の下に適用される。

第1689条から第1692条　　（削除）

第1693条　両親に故障がある場合の裁判所の措置

両親が親の配慮の行使を妨げられるときは、家庭裁判所は、子の利益のために必要な処分をしなければならない。

第1694条及び第1695条　（削除）

第1696条　裁判所の決定及び裁判所が承認した和解の変更

⑴　配慮権若しくは交流権に関する決定又は裁判所が承認した和解は、子の福祉に持続的に関わる重要な理由のためにその変更が相当であるときは、変更しなければならない。第1626a条第２項による決定は、第1671条第１項により変更することができる。第1671条第４項は準用される。第1678条第２項、第1680条第２項並びに第1681条第１項及び第２項の適用は妨げられない。

⑵　第1666条ないし第1667条又は本法のその他の規定に定める措置であって、子の福祉への危険を回避するため、又は子の福祉のために必要である場合にのみ講じることができる措置（子の法的保護措置）は、子の福祉に対する危険がもはや存在しない、又は措置の必要性がなくなったときは、取り消さなければならない。

⑶　第1632条第４項による命令は、子を里親から引き離すことが子の福祉を危険にさらさないときは、両親の申立てにより、取り消すものとする。

第1697条　（削除）

第1697a条　子の福祉の原則

⑴　裁判所は、別段の定めがない限り、本節に定める事項に関する手続において、実際の状態及び可能性並びに当事者の正当な利益を考慮して、子の福祉に最もかなう決定を下すものとする。

⑵　子が家庭養育を受けているときは、裁判所は、別段の定めがない限り、本節に定める事項に関する手続において、子の発達段階に照らして許容し得る期間内に、親が自ら子を養育できるほどにその養育状態が改善したか否かも考慮しなければならない。第1632条第４項第２文第１号の要件が満たされるときは、裁判所は、決定を下す際に、子が継続的で安定した生活状態を保障される必要性をも考慮しなければならない。子が社会法典第８編第34条又は第35a条第２項第４号に定める援助に基づいて養育及び世話を受けているときは、前２文が準用される。

第1698条　子の財産の返還、決算書の提出

⑴　親の配慮が終了若しくは停止するとき、又は他の理由からその財産配慮が終了するときは、両親は、子に財産を返還しなければならず、求めがあれば、その管理に関する決算書を提出しなければならない。

⑵　子の財産の利用に関して、両親は、第1649条の規定に反して子の財産の収益を費消したと認めるだけの理由がある限りでのみ、決算書を提出すれば足りるものとする。

第1698a条　親の配慮の終了を知らない場合における関連行為の継続

⑴　両親は、子のための身上配慮及び財産配慮に関連する行為を、親の配慮の終了を知るに至った時、又は知るべき時まで継続することができる。第三者は、法律行為を行う時点において、親の配慮の終了を知っていた、又は知るべきであったときは、この権限を援用することができない。

⑵　本条の規定は、親の配慮が停止するときに、準用するものとする。

第1698b条　子の死亡後における急迫の場合の行為の継続

　子の死亡により親の配慮が終了するときは、両親は、延期することにより危険が生じ得る行為を、相続人が他の方法で処理することができるまで遂行しなければならない。

第1699条から第1711条　　（削除）

**　　第6節　補佐**

第1712条　少年局による補佐、職務

⑴　親の一方の書面による申立てにより、少年局は、次に掲げる職務について子の補佐人となる。

　1．父子関係の確認

　2．扶養請求権の行使及び扶養請求権の処分。子が有償で第三者による養育を受けているときは、補佐人は、扶養義務者が給付したものから第三者に支払う権限を有する。

⑵　申立ては、前項に掲げる職務の一部に限定してすることができる。

第1713条　申立権者

(1)　親の一方は、その者により申立てがなされる補佐の職務範囲について現に単独で親の配慮を有しているとき、又は子が既に生まれていたならば単独で親の配慮を有しているであろうときは、申立てをすることができる。両親が共同で子のための親の配慮を有するときは、子がその監護の下にある親は、申立てをすることができる。名誉職後見人及び第1630条第3項により親の配慮の事務を委ねられた者も、申立てをすることができる。代理人は、申立てをすることができない。

(2)　子の出生前において、妊娠中の母は、子が既に生まれていたならば子が後見に服しているであろうときにも、申立てをすることができる。妊娠中の母がその行為能力を制限されているときは、本人のみが申立てをすることができる。申立てについて、その法定代理人の同意を要しない。行為無能力者である妊娠中の母については、その法定代理人のみが申立てをすることができる。

第1714条　補佐の開始

補佐は、申立てが少年局に到達した時に開始する。子の出生前に申立てがなされたときも、同様とする。

第1715条　補佐の終了

(1)　補佐は、申立人が書面により求めたときに、終了する。第1712条第2項及び第1714条は準用される。

(2)　補佐は、申立人が第1713条に掲げるいずれの要件をも満たさなくなったときも、直ちに終了する。

第1716条　補佐の効力

親の配慮は、補佐によって制限されない。それ以外の点については、未成年者のための保護に関する規定が、家庭裁判所による監督及び計算書の提出に関する規定を除いて、その法意に照らして適用される。

第1717条　国内の常居所の要件

補佐は、子が国内にその常居所を有するときにのみ開始する。子がその常居所を外国に有するに至ったときは、補佐は、終了する。子の出生前の補佐につ

いても同様とする。

第1718条から第1740条　（削除）

第7節　養子縁組
第1款　未成年養子縁組
第1741条　縁組の許容性

(1) 養子縁組は、それが子の福祉に資するものであり、かつ、養親となる者と養子となる者との間に親子の関係が生じることが期待できるときは、認められる。養子縁組のために違法な若しくは良俗に反する子のあっせん若しくは連れ去りに協力する者、又はこれを第三者に委託する者若しくはこれに対して報酬を支払った者は、子の福祉のために必要である場合にのみ、養子縁組をするものとする。

(2) 婚姻していない者は、単独でのみ養子縁組をすることができる。婚姻当事者は、共同でのみ養子縁組をすることができる。婚姻の一方当事者は、婚姻の他方当事者の子を単独で養子とすることができる。婚姻の一方当事者は、婚姻の他方当事者が、行為無能力者であるため、又は21歳に達していないために養子縁組をすることができないときも、単独で養子縁組をすることができる。

第1742条　共通の子としてのみの縁組

養子となった子は、その縁組関係が継続する限り、養親の生存中はその婚姻の相手方当事者によってのみ養子となされ得るものとする。

第1743条　最低年齢

養親となる者は、25歳に、第1741条第2項第3文の場合においては21歳に達していなければならない。第1741条第2項第2文の場合において、婚姻の一方当事者は、25歳に、婚姻の他方当事者は、21歳に達していなければならない。

第1744条　試験養育期間

縁組は、通常、養親となる者が養子となる者を適切な期間にわたり養育した後に、言い渡すものとする。

第1745条　縁組の禁止

縁組が養親となる者の子又は養子となる者の重要な利益に反するとき、又は養子となる者の利益が養親となる者の子によって危険にさらされるおそれがあるときは、縁組は、言い渡すことができない。この場合において、財産権に関する利益は、決定的ではない。

第1746条　子の事前の同意

(1)　縁組をするには、養子となる者の事前の同意を得なければならない。養子となる者が行為無能力者である又は14歳に達していないときは、その法定代理人のみが事前の同意を与えることができる。それ以外の場合においては、養子となる者本人のみが、同意を与えることができる。これについては、法定代理人の承諾を要する。

(2)　養子となる者が14歳に達しており、かつ、行為無能力者ではないときは、この者は、縁組決定の効力が生じるまでは、家庭裁判所に対して、その事前の同意を撤回することができる。この撤回は、公に認証されなければならない。撤回について、法定代理人の承諾を要しない。

(3)　後見人又は保護人が、十分な理由なしに事前の同意又は承諾を拒絶するときは、家庭裁判所は、事前の同意又は承諾を代行することができる。両親が、第1747条及び第1750条により縁組について撤回できない事前の同意をしたとき、又はその事前の同意を第1748条により家庭裁判所が代行したときは、第1項に定める両親の意思表示を要しない。

第1747条　子の両親による事前の同意

(1)　養子となる者の縁組には、その両親による事前の同意を得なければならない。第1592条によれば他の男性を父とみなす可能性がない限りにおいて、第1600d条第2項第1文の要件を満たしている旨を疎明した者は、第1文及び第1748条4項に定める父とみなす。

(2)　事前の同意は、養子となる者が出生後8週に達した後に、与えることができる。事前の同意は、養親となることが定まっている者を同意する者が知らないときであっても、その効力を生ずる。

(3) 婚姻していない両親が親の配慮を共同で有していないときは、次のとおり
とする。

1. 父は、養子となる者の出生前から事前の同意を与えることができる。

2. 父は、公に認証された意思表示により、第1626a条第2項及び第1671条
第2項に定める親の配慮の移転の申立てを放棄することができる。第1750
条は、その第1項第2文及び第4項第1文を除き、法意に従って適用され
る。

3. 父が第1626a条第2項又は第1671条第2項による親の配慮の移転を申し
立てたときは、まず父の申立てについて決定がなされた後に、縁組を言い
渡すことができる。

(4) 親の一方が長期にわたりその意思を表示することができないとき、又はそ
の親の所在が長期にわたり不明であるときは、その親による事前の同意を要
しない。妊娠葛藤法第25条第1項に定める内密出産によって出生した子の母
の所在は、母が家庭裁判所に対してその子の出生登録に必要な届出をするま
では、長期にわたり不明であるものとみなされる。

第1748条　親の一方による事前の同意の代行

(1) 親の一方が子に対し継続してその義務を著しく怠ったとき、又は子に無関
心であることを態度で示したとき、縁組を行わないことが子にとって著しく
相当性を欠く不利益をもたらす場合には、家庭裁判所は、子の申立てによ
り、その親の事前の同意を代行しなければならない。親による義務違反が継
続的ではないが、特に重大であり、かつ、子を長期にわたってこの親の監護
に委ねることができないと見込まれるときにも、家庭裁判所は、事前の同意
を代行することができる。

(2) 親の一方の無関心が継続して著しく義務を怠ることに当たらないとき
は、その親が少年局から同意の代行の可能性について説明を受け、社会法典
第8編第51条第2項の措置により助言を受け、かつ、説明を受けてから少な
くとも3か月が経過するまでは、家庭裁判所は、その親の事前の同意を代行
することができない。この説明は、その親が新たな住所を知らせないまま居

住地を変更し、かつ、少年局が適切に調査したにもかかわらず、少なくとも3か月の間にその居住地を突き止めることができなかったときは、必要とされない。この場合において、所定の期間は、少年局が説明及び助言を行うため、又は居住地調査を行うために活動を開始した時点から起算する。この期間は、早くとも子の出生後5か月が経過してから進行を始める。

(3) 親の一方が、特に重大な精神病又は特に重大な精神的若しくは情緒的障害のために、長期にわたり子の監護及び教育をすることができず、かつ、縁組を行わなければ子が家庭において成長できず、それが子の成育に重大な危険を及ぼすおそれがあるときにも、家庭裁判所は、その親の事前の同意を代行することができる。

(4) 第1626a条第3項の場合において、縁組を行わないことが子にとって著しく相当性を欠く不利益をもたらすときは、家庭裁判所は、父による事前の同意を代行しなければならない。

第1749条　配偶者による事前の同意

(1) 婚姻の一方当事者のみによる縁組には、婚姻の他方当事者による事前の同意を得なければならない。家庭裁判所は、養親となる者の申立てにより、この事前の同意を代行することができる。家庭裁判所は、縁組が婚姻の他方当事者及び家族の正当な利益に反するときは、事前の同意を代行することができない。

(2) 婚姻の他方当事者が長期にわたりその意思を表示することができないとき、又はこの者の所在が長期にわたり不明であるときは、この者による事前の同意を要しない。

第1750条　事前の同意の表示

(1) 第1746条、第1747条及び前条による事前の同意は、家庭裁判所に対して表示しなければならない。この意思表示は、公正証書によらなければならない。事前の同意は、家庭裁判所に到達した時に、その効力を生ずる。

(2) 事前の同意は、条件又は期限を付してすることができない。事前の同意は、撤回することができない。第1746条第2項の規定の適用は妨げられない。

(3) 事前の同意は、代理人がそれを与えることはできない。同意を与える者が行為能力を制限されているときは、その事前の同意について法定代理人の承諾を得ることを要しない。第1746条第1項第2文及び第3文の規定の適用は妨げられない。

(4) 縁組の申立てが取り下げられたとき、又は縁組が拒否されたときは、事前の同意は、その効力を失う。事前の同意が効力を生じてから3年内に縁組がなされないときにも、親の一方による事前の同意は、その効力を失う。

第1751条　親による事前の同意の効力、扶養義務

(1) 親の一方が縁組に事前の同意をすることにより、この者の親の配慮は、停止する。この親は、子と個人的に交流する権限を行使することができない。この場合においては、少年局が後見人となる。ただし、他方の親が親の配慮を単独で行使するとき、又は既に後見人が選任されているときは、この限りではない。現に行われている保護は妨げられない。養親となる者については、縁組保護の継続中は、第1688条第1項及び第3項が準用される。

(2) 前項は、婚姻の相手方当事者の子を養子とする婚姻当事者には適用されない。

(3) 親の一方による事前の同意がその効力を失ったときは、家庭裁判所は、子の福祉に反しない場合に、その限りにおいて、親の配慮をその親に委ねなければならない。

(4) 養親となる者は、養子となる者の両親が必要な事前の同意を与え、その子を縁組の目的で自らの監護の下に引き取った時点から、その子の血族よりも先順位で、その子に対して扶養をする義務を負う。婚姻の一方当事者が婚姻の他方当事者の子を養子とすることを希望するときは、その子の両親が必要な同意を与え、その子を婚姻の両当事者の監護の下に引き取った時点から、婚姻の両当事者は、その子の他の血族よりも先順位で、その子に対して扶養をする義務を負う。

第1752条　家庭裁判所の決定、申立て

(1) 養子縁組は、養親となる者の申立てにより、家庭裁判所が決定する。

(2)　申立てに条件若しくは期限を付すこと、又は代理人によって申し立てることはできない。申立ては、公正証書によらなければならない。

第1753条　死後縁組

(1)　縁組決定は、養子となる者の死亡後に行うことができない。

(2)　養親となる者の死亡後は、縁組決定は、養親となる者が家庭裁判所に申立書を提出していたとき、又は養親となる者が申立てのための公正証書作成時若しくはその後に、公証人に対して家庭裁判所に申立書を提出するよう委託していたときにのみ認められる。

(3)　養親となる者の死亡後に縁組決定がされたときは、縁組は、死亡前に行われたのと同様の効力を有する。

第1754条　縁組の効力

(1)　婚姻の両当事者が養子縁組をしたとき、又は婚姻の一方当事者が婚姻の他方当事者の子を養子としたときは、養子は、婚姻の両当事者の共通の子としての法的地位を取得する。

(2)　その他の場合において、養子は、養親の子としての法的地位を取得する。

(3)　親の配慮は、第１項の場合において婚姻の両当事者が共同で有し、第２項の場合において養親が有する。

第1755条　血族関係の終了

(1)　縁組により、養子及びその卑属と、実方の血族との間にあった血族関係並びに血族関係から生じる権利及び義務は、終了する。縁組前に発生していた子の請求権であって、とりわけ年金、遺児扶助料、及び他の相応する定期金給付の請求権は、縁組によって影響を受けない。このことは、扶養請求権には当てはまらない。

(2)　婚姻の一方当事者が婚姻の他方当事者の子を養子とするときは、実方との血族関係並びに血族関係から生じる権利及び義務は、他方の親及びその血族との関係においてのみ終了する。

第1756条　血族関係の存続

(1)　養親が養子と二親等若しくは三親等の血族関係又は姻族関係にあるとき

は、養子及びその卑属と、養子の実親との血族関係並びに血族関係から生じる権利及び義務のみが終了する。

(2) 婚姻の一方当事者が婚姻の他方当事者の子を養子とする場合において、他方の親が親の配慮を有しており、かつ、死亡していたときは、他方の親の実方との血族関係は終了しない。

第1757条　子の氏

(1) 養子は、養親の家族氏を出生氏として取得する。婚氏又は生活パートナーシップ氏に付加された氏（民法第1355条第4項、生活パートナーシップ法第3条第2項）は、家族氏とはみなさない。

(2) 婚姻の両当事者が養子縁組をしたとき、又は婚姻の一方当事者が婚姻の他方当事者の子を養子とするときに、婚姻当事者が婚氏を称していない場合においては、婚姻の両当事者は、縁組決定までに家庭裁判所に対する意思表示によって、養子となる者の出生氏を決定する。第1617条第1項が準用される。養子となる者が5歳に達したときは、その子が、縁組決定までに家庭裁判所に対する意思表示によって、決定された出生氏に同意する場合にのみ、出生氏の決定は効力を生ずる。第1617c条第1項第2文が、準用される。

(3) 家庭裁判所は、養親となる者の申立てにより、養子となる者の事前の同意を得て、次に掲げる事項を縁組決定とともにすることができる。

  1. 子の福祉にかなうときには、養子の名を変更する、又は一つ若しくは複数の新たな名を付加すること。

  2. 重大な理由から子の福祉のために必要であるときには、養子の新たな家族氏を従前の家族氏の前又は後に付加すること。

  第1746条第1項第2文及び第3文並びに第3項前段は準用される。

第1758条　開示及び探知の禁止

(1) 縁組及びその事情を明らかにするのに資する事実は、養親及び養子の同意なしに開示し又は探知することができない。ただし、公益に関わる特別な理由により、それが必要となるときは、この限りではない。

(2) 前項は、第1747条により必要な事前の同意が与えられているときは、法意

に従って適用される。家庭裁判所は、親の一方による事前の同意を代行するよう申し立てられているときは、前項の効果が生じることを命ずることができる。

第1759条　養親子関係の解消

養親子関係は、第1760条及び第1763条に定める場合にのみ、解消することができる。

第1760条　意思表示がないことを理由とする解消

(1) 養親子関係が、養親となる者の申立てなしに、養子となる者の事前の同意なしに、又は親の一方による必要な事前の同意なしに創設されたときは、家庭裁判所は、申立てにより、養親子関係を解消することができる。

(2) 縁組の申立て又は事前の同意は、次に掲げる場合にのみ無効である。

    a)　申立人が行為無能力者であった場合、又は行為無能力者である若しくは14歳に達していない子が自ら事前の同意を与えた場合において、表意者が意思表示の時に意識不明の状態又は一時的ではない精神障害の状態にあったとき。

    b)　表意者が養子縁組がなされることを知らなかったとき、若しくは表意者がそのことを知っていたが、縁組を申し立てること、若しくは縁組に事前同意を与えることを望んでいなかったとき、又は養親となる者が養子となる者について人違いしていたとき、若しくは養子となる者が養親となる者について人違いしていたとき。

    c)　表意者が重要な事情について詐欺を受けたことにより意思表示をすると決めたとき。

    d)　表意者が強迫によって違法に意思表示をすると決めたとき。

    e)　表意者が第1747条第2項第1文に定められた期間の経過前に事前の同意を与えたとき。

(3) 表意者が、行為無能力、意識不明の状態、精神障害、若しくは強迫により生じた強制状態がやんだ後に、錯誤を発見した後に、又は第1747条第2項第1文に定める期間が経過した後に、申立て又は事前の同意を追完したとき、

又は養親子関係を継続する旨を明らかにしたときは、養親子関係を解消することができない。第1746条第1項第2文及び第3文並びに第1750条第3項第1文及び第2文は、準用するものとする。

(4) 養親となる者若しくは養子となる者の財産状況について欺罔行為があったとき、又は欺罔行為が申立権者若しくは事前同意権者の知らないまま、申立て若しくは事前の同意をする権限も、縁組をあっせんする権限も有しない者により行われたときは、重要な事実に関する詐欺を理由として養親子関係を解消することができない。

(5) 親の一方が長期にわたりその意思を表示することができない、又は継続してその所在を知ることができないと縁組の言渡しの時に誤認されていた場合において、その者が事前同意を追完したとき、又は養子縁組を継続する旨を明らかにしたときは、養親子関係を解消できない。第1750条第3項第1文及び第2文の規定は準用するものとする。

第1761条　養親子関係の解消の障害

(1) 縁組の言渡しの時に事前の同意の代行についての要件が満たされていたとき、又は養親子関係の解消の申立てに対する決定の時点において満たされているときは、必要な事前の同意が追完されていないこと、又は前条第2項により無効であることを理由として、養親子関係を解消することができない。この場合において、第1748条第2項による説明及び助言が行われていなかったことは、影響しない。

(2) 養親子関係の解消によって子の福祉が著しく危険にさらされるおそれがあるときは、養親子関係を解消することができない。ただし、養親の重要な利益のために養親子関係の解消が必要とされるときは、この限りではない。

第1762条　申立権者、申立期間及び方式

(1) 申立権者は、自己の申立て又は事前の同意なしに、養子がなされた者のみである。行為無能力者である又は14歳に達していない養子、及び行為無能力者である養親については、その法定代理人が申立てをすることができる。その他の場合においては、代理人が申立てをすることはできない。申立権者が

その行為能力を制限されているときは、その法定代理人の同意を要しない。

(2) 申立ては、縁組から3年を経過していないときは、基準となる時点から1年の間にのみすることができる。この1年の期間は、次に掲げる時点から進行する。

　a) 第1760条第2項第a号に定める場合においては、表意者が少なくとも制限された行為能力を有していた時、又は行為無能力者である養親若しくは14歳に達していない若しくは行為無能力者である養子の法定代理人が意思表示を知った時。

　b) 第1760条第2項第b号及び第c号に定める場合においては、表意者が錯誤又は詐欺を発見した時。

　c) 第1760条第2項第d号に定める場合においては、強制状態がやんだ時。

　d) 第1760条第2項第e号に定める場合においては、第1747条第2項第1文に定める期間が経過した時。

　e) 第1760条第5項に定める場合においては、その事前の同意なしに縁組が成立したことを親の一方が知った時。

　消滅時効に適用する第206条及び第210条の規定は、準用される。

(3) 申立ては、公正証書によらなければならない。

第1763条　職権による養親子関係の解消

(1) 養子が未成年の間は、家庭裁判所は、重大な理由から子の福祉のために必要であるときは、職権により養親子関係を解消することができる。

(2) 子が婚姻の両当事者の養子となったときは、養子と婚姻の一方当事者との間に存在する養親子関係を解消することもできる。

(3) 養親子関係は、次に掲げるいずれかの場合にのみ、解消することができる。

　a) 前項の場合において、婚姻の他方当事者又は実親の一方に、子の監護及び教育を引き受ける意思があり、かつ、この者による親の配慮の行使が子の福祉に反しないものとされるとき。

　b) 解消によって新たな縁組を可能としなければならないとき。

第1764条　養親子関係の解消の効力

⑴　養親子関係の解消は、将来に向かってのみその効力を生ずる。家庭裁判所が、養親の死亡後にその申立てにより、又は養子の死亡後にその申立てにより養親子関係を解消したときは、養親子関係をその死亡前に解消したときと同様の効力を有する。

⑵　養子縁組を解消することによって、縁組により成立していた養子及びその卑属と従前の血族との血族関係、並びにその血族関係から生じる権利及び義務は、消滅する。

⑶　それと同時に、養子及びその卑属と養子の実方の血族との血族関係、並びに血族関係から生じる権利及び義務は、親の配慮以外については、復活する。

⑷　家庭裁判所は、子の福祉に反しない限りにおいて、実方の両親に親の配慮を再び移転しなければならない。そうでない場合には、家庭裁判所は、後見人又は保護人を選任する。

⑸　婚姻の両当事者との間に養親子関係が存在し、婚姻の一方当事者との間の養親子関係のみを解消するときは、第2項に定める効果は、子及びその卑属と、その婚姻の一方当事者及びその血族との間においてのみ生ずる。第3項に定める効果は、生じない。

第1765条　養親子関係の解消後の子の氏

⑴　養子縁組の解消により、養子は、養親の家族氏を出生氏として称する権利を失う。第1文は、第1754条第1項に定める場合において、養子が第1757条第1項により養親の家族氏を出生氏として称しており、かつ、婚姻の一方当事者との養親子関係のみを解消するときは、適用されない。また、養子の出生氏が養子の婚氏又は生活パートナーシップ氏となっているときは、この氏は変更されない。

⑵　養子が縁組によって得た家族氏を称する正当な利益を有するときは、家庭裁判所は、養子の申立てにより、養親子関係を解消する際に、養子がこの家族氏を続称することを命ずることができる。第1746条第1項第2文及び第3

文は準用される。

(3) 養親が縁組によって取得した氏が婚氏又は生活パートナーシップ氏となっているときは、家庭裁判所は、婚姻の両当事者又は生活パートナー双方の共同の申立てにより、養親子関係を解消する際に婚姻の両当事者又は生活パートナー双方が養子が縁組前に称していた出生氏を、婚氏又は生活パートナーシップ氏として称することを命ずることができる。

第1766条　養親と養子の間の婚姻

養親が、婚姻法上の規定に違反して、養子又はその卑属と婚姻を締結するときは、その婚姻の締結により、縁組によって当事者間に成立した法律関係は、解消される。第1764条及び前条は、適用されない。

第1766a条　婚姻していないパートナーの子との縁組

(1) 安定した生活共同体において共同の家庭で生活する二人の者については、婚姻の他方当事者の子との縁組に関する本款の規定が準用される。

(2) 前項に定める安定した生活共同体は、通常、次に掲げるいずれかの場合において認められる。

　1．二人の者が、少なくとも4年にわたり婚姻に類似した共同生活をしているとき。

　2．二人の者が、共通の子の両親として、その子と共に、婚姻に類似した共同生活をしているとき。

　当事者の一方が第三者と婚姻としているときは、通常、安定した生活共同体は認められない。

(3) 養親となる者が第三者と婚姻しているときは、その者は、パートナーの子を単独でのみ養子とすることができる。その際には、縁組について、その第三者による事前の同意を得なければならない。第1749条第1項第2文及び第3文並びに第2項は準用される。

第2款　成年養子

第1767条　縁組の許容性、適用条文

(1) 縁組が道徳的に正当とされるときは、成年者を養子とすることができる。

とりわけ、養親となる者と養子となる者との間に、既に親子の関係が成立している場合には、正当であると推定することができる。

(2)　成年養子縁組については、第1768条以下の規定において別段の定めがない限り、未成年養子に関する規定が法意に従って適用される。婚姻している者又は生活パートナーシップ関係にある者の縁組については、その婚姻の相手方当事者又は生活パートナーの同意を得なければならない。婚姻の相手方当事者又は生活パートナーが、縁組決定までに家庭裁判所に対する意思表示によって氏の変更に承諾しているときは、縁組による出生氏の変更は、養子の婚氏又は生活パートナーシップ氏にも及ぶ。この意思表示は、公に認証されなければならない。

第1768条　申立て

(1)　成年養子縁組は、養親となる者及び養子となる者の申立てにより、家庭裁判所によって決定される。第1742条、第1744条、第1745条、第1746条第1項及び第2項、並びに第1747条は準用されない。

(2)　養親となる者が行為無能力者であるときは、申立ては、その法定代理人のみがすることができる。

第1769条　縁組の禁止

養親となる者の子、又は養子となる者の子の重要な利益に反するときは、成年養子縁組の決定をしてはならない。

第1770条　縁組の効力

(1)　成年養子縁組の効力は、養親の血族には及ばない。養親の婚姻の相手方当事者又は生活パートナーは、養子の姻族とはならず、養子の婚姻の相手方当事者又は生活パートナーは、養親の姻族とはならない。

(2)　養子及びその卑属とその血族の血族関係から生じる権利及び義務は、本法に別段の定めがない限り、縁組によって変更されない。

(3)　養親は、養子及びその卑属に対して、養子の実方の血族よりも先順位で扶養を提供する義務を負う。

第1771条　養親子関係の解消

家庭裁判所は、養親及び養子の申立てにより、重大な理由があるときは、成年者との間で成立した養親子関係を解消することができる。その他の場合においては、養親子関係は、第1760条第1項ないし第5項の規定を法意に従って適用することによってのみ解消することができる。養子となる者の事前の同意という文言は、養子となる者の申立てと読み替えるものとする。

第1772条　未成年養子の効力を有する縁組

(1) 家庭裁判所は、養親となる者及び養子となる者の申立てにより、次に掲げるいずれかの場合には、成年養子縁組の言渡しに際して、縁組の効力が未成年者又は血族である未成年者との縁組の規定（第1754条ないし第1756条）に従うことを定めることができる。

a) 養親となる者が、養子となる者の未成年の兄弟又は姉妹を養子としていたとき、又は同時に養子とするとき。

b) 養子となる者が、既に未成年のときから養親となる者の家庭に引き取られていたとき。

c) 養親となる者が、その婚姻の相手方当事者の子を養子とするとき。

d) 養子となる者が、家庭裁判所に縁組の申立てがなされた時に、まだ成年に達していなかったとき。

　　ただし、未成年養子の効力によると定めることが、養子となる者の実親の重要な利益に反するときは、家庭裁判所は、このように定めることができない。

(2) 前項の場合において、養親子関係は、第1760条第1項ないし第5項の規定を法意に従って適用することによってのみ解消することができる。養子となる者の事前の同意という文言は、養子となる者の申立てと読み替えるものとする。

第3章　後見、未成年者のための保護、法的世話、その他の保護

第1節　後見

第1款　後見の開始

第1目　選任による後見

第1目の1　総則

第1773条　後見の要件及び後見人の選任

(1)　家庭裁判所は、以下に定めるいずれかの場合には、未成年者のために後見を開始し、後見人を選任しなければならない。

　1．未成年者が親の配慮に服していないとき。

　2．未成年者の両親が、その身上及び財産に関する事務について、未成年者を代理する権限をもたないとき。

　3．未成年者の家族関係が判明しないとき。

(2)　子が出生と同時に後見人を必要とすると予想される場合には、子の出生前であっても後見を開始し、後見人を選任することができる。後見人の選任は、子の出生と同時に効力を生ずる。

第1774条　後見人

(1)　後見人として選任され得るのは、以下のいずれかである。

　1．名誉職として後見を行う自然人

　2．職業として独立に後見を行う自然人（職業後見人）

　3．ラント少年局の認証を受けた後見団体の職員であり、同団体において専任で若しくは兼任で後見人として従事する者（団体後見人）

　4．少年局

(2)　仮後見人として選任され得るのは、以下のいずれかである。

　1．ラント少年局の認証を受けた後見団体

　2．少年局

第1775条　複数の後見人

(1)　婚姻の両当事者は、共同で後見人として選任され得る。

⑵　兄弟姉妹には、全員について一人だけ後見人を付すこととする。ただし、個々の兄弟姉妹に一人ずつ後見人を付すべき特別の理由がある場合には、この限りでない。

第1776条　補助保護人

⑴　家庭裁判所は、個別の後見事務又は特定の種類の後見事務を保護人に委託することが被後見人の福祉にかなうときには、名誉職後見人を選任する際に、その同意を得て、その後見事務を保護人に委託することができる。後見事務の委託は、後見人が同意するときは、事後的に行うこともできる。

⑵　以下の場合には、後見事務の委託の全部又は一部を終了させるものとする。

　１．後見事務の委託が被後見人の福祉に反するとき。

　２．後見人又は保護人からの申立てがあり、各々他方の同意を得ており、後見事務の委託の終了が被後見人の福祉に反しないとき。

　３．14歳に達した被後見人の申立てがあり、後見人及び保護人が後見事務の委託の終了に同意するとき。

　　第２号及び第３号に定める同意は、後見事務の委託を終了すべき重要な理由がある場合には、必要ないものとする。

⑶　それ以外の場合においては、未成年者の保護に関する規定が準用される。第１項に定める保護人は、第1809条又は第1777条に定める保護人が別にいるときには、選任することができない。

第1777条　保護人である養育者に対する後見事務の委託

⑴　家庭裁判所は、以下のいずれの要件も満たす場合には、後見人又は養育者の申立てにより、個別の後見事務又は特定の種類の後見事務を保護人である養育者に委託することができる。

　１．被後見人が長期にわたって養育者のもとで生活しているとき、又は保護関係が開始された時点で既に被後見人と養育者の間に個人的なつながりがあるときであり、

　２．養育者及び後見人が、各々他方の申立てに同意しており、

3．後見事務の委託が被後見人の福祉にかなうことである。

　　　ただし、被後見人の反対の意思は尊重される。

⑵　被後見人にとって極めて重要な意味をもつ特別の後見事務は、後見人との共同行使を目的とする場合にのみ、養育者に委託される。

⑶　第1項第1文に定める後見事務の委託の申立ては、14歳に達した被後見人もすることができる。この後見事務の委託には、後見人及び養育者の同意を要する。

⑷　前条第2項は準用される。その他の点においては、未成年者の保護に関する規定が準用される。養育者は、第1809条又は前条に定める保護人が別にいるときには、保護人に選任され得ない。

第1目の2　後見人の選任

第1778条　家庭裁判所による後見人の選任

⑴　家庭裁判所は、第1782条に掲げるいずれの者にも後見を委託しない場合には、被後見人の身上及び財産について配慮をするのに最も適した後見人を選任しなければならない。

⑵　選任に際しては、特に以下の事項に留意するものとする。

　　1．被後見人の意思、家族関係、個人的なつながり、信仰、及び文化的背景

　　2．両親の現実の意思又は推定される意思

　　3．被後見人の生活状況

第1779条　当事者の適性、名誉職後見人の優先

⑴　後見を行う自然人は、以下の事項に照らして、被後見人の福祉にかなうように後見を行うのに適した者でなければならない。

　　1．知識及び経験

　　2．個人的な資質

　　3．個人的な関係及び財産関係、並びに

　　4．被後見人の養育に携わる他の者と協力する能力及びその意思

⑵　名誉職として後見を行う適性及び意思をもつ自然人は、第1774条第1項第2号ないし第4号に定める後見人よりも優先する。この者は、第1776条に

よって補助保護人が選任されているときにも、適性をもつものと推定される。

第1780条　職業後見人及び団体後見人の業務上の負担の考慮

職業後見人又は団体後見人を選任すべき場合には、その業務上の負担、とりわけ、既に担当している後見及び保護の件数及びその業務量を考慮しなければならない。職業後見人又は団体後見人となる者は、家庭裁判所に対して、この点に関する情報を提供する義務を負う。

第1781条　仮後見人の選任

(1)　家庭裁判所は、後見人を選任する時点において、とりわけ被後見人の周囲で後見人に適した人を選ぶのに必要な調査が終了していないとき、又は後見人の選任に一時的な障害があるときは、仮後見人を選任する。

(2)　後見団体は、仮後見人の業務を個々の職員に委託する。第1784条は準用される。後見団体は、家庭裁判所に対して速やかに、遅くとも仮後見人に選任されてから2週間以内に、どの職員に仮後見人の業務の遂行を委託したかを通知しなければならない。

(3)　家庭裁判所は、速やかに、遅くとも仮後見人を選任してから3か月以内に、後見人を選任しなければならない。家庭裁判所が検討を開始したが、被後見人にとって最も適した後見人をまだ選任できていない場合には、関係者の意見聴取を行った上で、裁判所の決定によって、この期限をさらに3か月を限度として延長することができる。

(4)　家庭裁判所が、既に少年局又は後見団体を仮後見人に選任していた場合であっても、改めて少年局又は団体職員を後見人に選任する必要がある。

(5)　後見人が選任されることで、仮後見人の職務は終了する。

第1782条　両親による後見人の指名及び排除

(1)　両親は、その死亡時点において子の身上及び財産に関する配慮を有している場合には、終意処分によって、一人の自然人を後見人に若しくは婚姻の両当事者を共同後見人に指名し、又は後見人の職から排除することができる。子が親の死亡前に出生していたならば、その親が子の身上及び財産に関する

配慮を有していたであろうときは、子の出生前に後見人を指名し、又は後見人の職から排除することができる。

(2) 両親が、後見人の指名又は排除について相矛盾する終意処分をした場合には、後から死亡した方の親の終意処分が妥当する。

第1783条　指名された者の不選任

(1) 指名された者は、以下のいずれかの場合にのみ、その同意を得ることなく後見人としての選任を否定され得る。

1．第1784条によれば、その者を後見人として選任できない又はすべきでないとき。

2．その者の選任が被後見人の福祉に反するであろうとき。

3．14歳に達した被後見人が、その選任に異議を申し述べるとき。

4．その者が法律上又は事実上の理由により後見を受任することができないとき。

5．その者が、家庭裁判所の求めがあってから4週間以内に後見を受任する意思があることを示さなかったとき。

(2) 指名された者が、前項第4号によって選任されなかったが、一時的に後見を受任できないだけであり、かつ、以下の要件を全て満たす場合には、その者の申立てにより、従前の後見人に代えて、その者を後見人に選任するものとする。

1．その者が従前の後見人の選任後6か月以内に申立てをしたこと。

2．従前の後見人を解任することが、被後見人の福祉に反しないこと。

3．14歳に達した被後見人が、従前の後見人の解任に異議を申し述べないこと。

第1784条　欠格事由

(1) 行為無能力者を後見人に選任することはできない。

(2) 以下に掲げる者は、原則として後見人に選任すべきではない。

1．未成年者

2．世話人を付された者であって、その世話が後見の行使に関わる重要事項

を対象としていること、又はその重要事項について第1825条に定める同意の留保が命じられていること。

3．両親が第1782条によって後見人の職から排除した者

4．被後見人が生活している施設に対して従属関係若しくは他の密接な関係にある者

第1785条　受任義務、他の選任要件

(1)　家庭裁判所によって選ばれた者は、その者の家族関係、職業上の関係、及びその他の関係を考慮して受任することが期待できるときは、後見を受任する義務を負う。

(2)　その選ばれた者は、後見を受任する意思があることを示して初めて、後見人に選任され得る。

(3)　後見団体及び団体後見人は、その団体の同意がある場合にのみ選任され得る。

第2目　法律上の職務後見

第1786条　配慮権を有する親がいない場合の職務後見

両親が婚姻しておらず、後見人を必要とする子が、国内に常居所をもつ場合には、出生と同時に、少年局が後見人となる。ただし、子の出生前に既に後見人が選任されているときは、この限りでない。第1592条第1号又は第2号による父子関係が否認され、子が後見人を必要とする場合には、その裁判が確定した時点において、少年局が後見人となる。

第1787条　内密出産の場合における職務後見

子が匿名で出生した場合には（妊娠葛藤法第25条第1項第2文）、子の出生と同時に、少年局が後見人となる。

第2款　後見の行使

第1目　総則

第1788条　被後見人の権利

被後見人は、とりわけ以下に定める権利を有する。

1．自己責任及び社会性のある人格をもつように成長し、かつ、養育を受け

る権利

2．暴力、体罰、心理的危害その他の品位を損なう行為を伴うことなく、監
護及び教育を受ける権利

3．後見人との個人的な交流をもつ権利

4．自らの意思、個人的なつながり、信仰、及び文化的背景の尊重を受ける
権利

5．その成熟度に照らして相当である限り、自己に関する事項に関与する権
利

第1789条　後見人の配慮、被後見人の代理及び責任

⑴　後見人は、被後見人の身上及び財産について配慮をする義務を負い、権利
を有する。保護人が付されている事務については、その対象外とする。ただ
し、保護人が、後見人との共同行使を委託された事務については、この限り
でない。

⑵　後見人は、被後見人を代理する。第1824条は準用される。家庭裁判所は、
個別の後見事務について、後見人による代理を排除することができる。後見
人による代理の排除は、被後見人の利益が、後見人、後見人が代理する第三
者、又は第1824条第１項第１号に掲げられた者の利益と著しく相反する場合
にのみ認められる。

⑶　前項に定める代理権の範囲内において、被後見人について債務が発生した
ときは、被後見人は、第1629a条に準じた責任を負う。

第1790条　後見人の職務の遂行、情報提供義務

⑴　後見人は、独立して、被後見人の利益のためにその福祉にかなうように後
見を行わなければならない。

⑵　後見人は、被後見人が自立して責任をもって行動する能力の向上及び欲求
の拡大に配慮し、支援しなければならない。後見人は、被後見人の成熟度に
照らして相当である限り、その身上配慮及び財産配慮に関する事務について
被後見人と協議し、決定に関与させなければならない。また、合意に達する
よう努めるものとする。後見人は、職務を遂行する際に、被後見人の利益の

ためにその福祉にかなうよう、被後見人とその両親との関係にも配慮するものとする。

(3)　後見人は、被後見人と個人的な交流をもつ義務を負い、権利を有する。後見人は、被後見人を通常、毎月1回その生活場所において訪問するものとする。ただし、個別事案において、より短い若しくは長い訪問の間隔、又は別の訪問場所が望ましいときは、この限りでない。

(4)　後見人は、被後見人の福祉に反せず、かつ、後見人にとって可能である限り、被後見人の近親者その他の親しい者に正当な利益があるときは、その請求により、被後見人の個人的な関係について情報を提供しなければならない。

(5)　被後見人の常居所が他の少年局の管区に移った場合には、後見人は、従前の常居所地の少年局に移転を通知しなければならない。第1文は、団体後見人及び後見団体には適用されない。

第1791条　後見人の家庭への被後見人の引取り

後見人は、被後見人をその監護及び教育のために、自らの家庭に引き取ることができる。その場合において、後見人及び被後見人は、相互に扶助し、相手を慮るものとする。第1619条は準用される。

第1792条　後見の共同遂行、及び後見人と世話人の協力

(1)　婚姻の両当事者は、委託された後見を共同で行う。

(2)　後見人及び保護人は、被後見人の利益のためにその福祉にかなうよう、互いに情報を提供し、協力する義務を負う。

(3)　第1776条によって選任された保護人は、自ら決定をする際には、後見人の意見を聞かなければならない。

(4)　第1777条によって選任された保護人及び後見人は、共同での配慮を委託された後見事務について、合意により決定をする。

(5)　第1項及び前項の場合においては、第1629条第1項第2文及び第4文が準用される。

第1793条　意見が相違する場合の決定

(1) 家庭裁判所は、以下に掲げるいずれかの者の間で、配慮に関する事項について意見の相違があるときは、申立てにより決定をする。

 １．共同後見人の間

 ２．兄弟姉妹に共通する後見事務について複数の後見人の間

 ３．後見人と、第1776条又は第1777条により選任された保護人の間

(2) 申立権者は、後見人、保護人、及び14歳に達した被後見人である。

第1794条　後見人の損害賠償責任

(1) 後見人は、被後見人に対して、自己の義務違反により生じた損害を賠償しなければならない。ただし、後見人がその義務違反について責任を負わない場合には、この限りでない。その他の点については、第1826条が準用される。

(2) 被後見人が、監護及び教育のために、名誉職として後見を行う後見人の家庭に引き取られているときは、第1664条が準用される。

第２目　身上配慮

第1795条　身上配慮の対象、許可を得る義務

(1) 身上配慮には、第1788条に定める被後見人の権利に鑑みて、とりわけ、被後見人の居所を指定し、被後見人を監護、教育、及び監督することが含まれる。後見人は、被後見人を自己の家庭で監護及び教育するのでなくても、身上配慮について責任を負い、自ら被後見人の監護及び教育を支援し、保障しなければならない。第1631a条ないし第1632条は準用される。

(2) 後見人は、以下に定める事項について、家庭裁判所の許可を得なければならない。

 １．１年以上の期間を定める教育のための契約の締結

 ２．被後見人が１年以上の期間において、自ら役務を提供する義務を負う雇用関係又は労働関係に入ることを目的とした契約の締結

 ３．被後見人の常居所の外国への移転

(3) 家庭裁判所は、その法律行為又は常居所の移転が、第1788条に定める被後見人の権利に照らして、被後見人の福祉に反しない場合には、前項に定める許可を与える。

(4) 許可の付与については、第1855条ないし第1856条第2項、第1857条及び第1858条が準用される。被後見人が成年に達したときは、本人の同意が家庭裁判所の許可に代わる。

第1796条　後見人と養育者の関係

(1) 後見人は、養育者の利益に配慮しなければならない。身上配慮に関する決定においては、養育者の意見も考慮するものとする。

(2) 後見人と養育者の協力については、第1792条第2項が準用される。

(3) 以下に掲げる者は、養育者と同等に扱う。

　1．a) 全日制の施設において、又はb) 他の生活形態において、被後見人の世話をし、養育をする者

　2．被後見人に対して集中的に社会教育学上の世話をする者

第1797条　養育者の決定権限

(1) 被後見人が長期にわたって養育者のもとで生活しているときは、養育者は、日常生活事項について決定し、その限りにおいて後見人を代理する権限をもつ。第1629条第1項第4文は準用される。

(2) 前項は、前条第3項に定める者にも準用される。

(3) 後見人は、被後見人の福祉のために必要があるときは、第1項及び前項に定める養育者の権限を、養育者に対する意思表示によって、制限又は排除することができる。

第3目　財産配慮

第1798条　財産配慮に関する基本原則及び後見人の義務

(1) 後見人は、経済的な財産管理に関する基本原則、及び被後見人による自立し責任をもって行動する欲求の拡大を尊重し、被後見人の福祉にかなうように財産配慮を実施しなければならない。その際には、後見人は、被後見人の財産を保護し、維持する義務を負う。

(2) その他の点については、後見人の財産配慮における義務には、第1835条第1項ないし第5項、第1836条、第1837条、及び第1839条ないし第1847条が準用される。財産目録は、後見開始時点で存在している財産を対象とする。家

庭裁判所は、被後見人の福祉に反せず、被後見人がその成熟度に照らして財産目録の内容を理解できる限り、その財産目録を被後見人に開示しなければならない。

⑶　後見人は、被後見人を代理して贈与をすることはできない。ただし、道徳的義務又は儀礼としての配慮からなされる贈与は、この限りでない。

第1799条　許可を必要とする法律行為

⑴　後見人は、第1848条ないし第1854条第1号から第7号により世話人が世話裁判所の許可を必要とする事項については、家庭裁判所の許可を得なければならない。ただし、第2項において別段の定めがあるときは、この限りでない。

⑵　後見人は、第1853条第1文第1号の例外として、使用賃貸借契約若しくは用益賃貸借契約、又は被後見人に定期的給付の義務を負わせるその他の契約を締結するに当たって、その契約関係が被後見人の成年に達した後も1年以上継続するときは、家庭裁判所の許可を得なければならない。ただし、以下のいずれかの場合には、裁判所の許可を要しない。

1．その契約が被後見人にとって軽微な経済的意味しかもたないとき。

2．被後見人が、成年に達した後20歳に達するまでの間に、何ら不利益を被ることなく、その契約関係を解約できるとき。

第1800条　許可の付与

⑴　家庭裁判所は、法律行為が第1789条第1項に定める基本原則に反しない場合には、許可を与える。

⑵　許可を与えるには、第1855条ないし第1856条第2項、第1857条及び第1858条が準用される。被後見人が成年に達したときは、本人の許可が家庭裁判所の許可に代わる。

第1801条　制限を免除された後見

⑴　少年局、団体後見人及び後見団体が後見人である場合には、第1859条第1項が準用される。

⑵　家庭裁判所は、被後見人の財産を危険にさらすおそれがないときは、申立

てにより、後見人による財産配慮の制限を免除することができる。第1860条第1項ないし第3項は準用される。

(3)　両親は、第1782条の要件が満たされれば、自らが選任した後見人について、第1845条、第1848条、第1849条第1項第1文第1号及び第2号、同第2文、並びに第1865条第1項による制限を免除することができる。第1859条第1項第2文及び第3文は準用される。

(4)　家庭裁判所は、免除の要件がもはや満たされないとき、又は免除を維持すると被後見人の財産を危険にさらすおそれがあるときは、免除を終了しなければならない。

第3款　家庭裁判所による助言及び監督

第1802条　総則

(1)　家庭裁判所は、後見人の職務遂行に当たって、後見人を支援し、後見人の権利及び義務について助言をする。第1861号第2項は準用される。

(2)　家庭裁判所は、後見人の全ての職務行為を監督する。その際に、家庭裁判所は、とりわけ被後見人の権利、並びに身上配慮及び財産配慮において後見人が従う基本原則及びその義務に照らして、後見人が職務遂行上の義務を果たすように注意を払わなければならない。第1862条第3項及び第4項、第1863条ないし第1867条、第1666条、第1666a条、並びに第1696条は準用される。家庭裁判所は、後見人に対して、後見人が被後見人に与える可能性のある損害について、保険契約を締結するよう義務付けることができる。

第1803条　直接の意見聴取、被後見人との協議

適切な場合には、それが被後見人の成熟度に照らして相当である限り、

1．家庭裁判所は、後見人が義務に違反して被後見人の権利を保護していない若しくは適切に保護していない、又はその他の態様において後見人としての義務を果たしていないと考える理由があれば、被後見人に対して直接、意見聴取を行わなければならない。

2．家庭裁判所は、被後見人の個人的関係に関する後見人の最初の報告書及び年次報告書、管理する財産の範囲に照らして相当である場合には後見人

の決算報告書、並びに被後見人の個人的関係又は経済状態の実質的な変更について、被後見人と直接協議する。その場合には、後見人も併せて呼び出すことができる。

第4款　後見の終了

第1804条　後見人の解任

(1)　家庭裁判所は、以下の場合には、後見人を解任しなければならない。

1．後見人が職務を継続すると、とりわけ後見人の義務違反のために、被後見人の利益又は福祉が危険にさらされるであろうとき。

2．後見人が第1774条第1項第2号ないし第4号によって選任されており、現時点においては、それ以外に名誉職として後見を行うのに適しており、かつ、その意思をもつ者がいるとき。ただし、後見人の解任が被後見人の福祉に反する場合は、この限りでない。

3．後見人が団体後見人として選任されており、団体との労働関係が終了したとき。

4．後見人の選任後に、第1784条によればその選任を妨げる事情が明らかになった、又は生じたとき。

5．そのほか解任について重大な理由があるとき。

(2)　家庭裁判所は、以下のいずれかの場合においても、後見人を解任しなければならない。

1．後見人の選任後に、その職務の継続をもはや期待できないような事情が生じ、後見人が解任を申し立てたとき。

2．後見人が団体後見人として選任されており、団体が後見人の解任を申し立てたとき。

(3)　家庭裁判所は、後見人の交代が被後見人の福祉にかなう場合には、申立てにより、従前の後見人を解任するものとする。被後見人による異議、及び名誉職による後見人の優先の原則は、尊重される。第1文による解任の申立権者は、以下に掲げる者である。

1．後見人

2．被後見人の利益のために、自ら新しい後見人となることを申し出る者

3．14歳に達した被後見人

4．そのほか被後見人の正当な利益を実現しようとする者

第1805条　新たな後見人の選任

⑴　後見人が解任された又は死亡した場合には、家庭裁判所は、遅滞なく新た
な後見人を選任しなければならない。第1778条ないし第1785条は準用される。

⑵　団体後見人について前条第1項第3号又は第2項第2号による解任事由が
あるとき、家庭裁判所は、被後見人の福祉にかなう場合には、団体後見人の
解任に代えて、その者が今後は私人として後見を継続するよう命ずることが
できる。

第1806条　後見の終了

第1773条に定める後見開始の要件が消滅した場合には、後見は終了する。

第1807条　財産の引渡し、最終決算書及び事務の継続

後見の終了に際しては、第1872条ないし第1874条が準用され、第1872条第5
項は、職務が終了した時点において、第1801条第1項及び第3項によって制限
を免除されていた後見人に準用されるものとする。

第5款　報酬及び費用の償還

第1808条　報酬及び費用の償還

⑴　後見は、原則として無報酬で行われる。

⑵　名誉職後見人は、後見を行うのに必要な費用について、第1877条により被
後見人に対して前払若しくは償還を求め、又はそれに代えて第1878条によ
り概算による支弁を求めることができる。第1879条及び第1880条は準用され
る。家庭裁判所は、前項の例外として、適切な報酬額を定めることができ
る。第1876条第2文が準用される。

⑶　後見は、例外的に業として行うことができる。事業性の有無、並びに業と
して従事する後見人及び後見団体による報酬請求権及び費用償還請求権
は、後見及び世話の報酬に関する法律によって定められる。

第2節　未成年者のための保護

第1809条　補完的保護

⑴　親の配慮又は後見に服する者について、親又は後見人がその事務を行うことができないときは、保護人を付すものとする。保護人は、委託された事務を、被保護人の利益のためにその福祉にかなうように遂行し、被保護人を代理する権利を有し、義務を負う。

⑵　保護が必要になるときは、親又は後見人は、家庭裁判所に遅滞なくその旨を届け出なければならない。

第1810条　未出生子のための保護

子が出生したとすれば親となるべき者が親の配慮を行使できないときは、懐胎中の子の将来の権利を確保するため、保護人を選任することができる。この保護は、子の出生により終了する。

第1811条　無償譲受財産の保護

⑴　次に掲げるいずれの要件も満たすときは、未成年者に無償譲受財産保護人を付す。

１．未成年者が、死因処分、死因贈与又は生前贈与により財産を取得したこと。

２．被相続人が終意処分により、また、贈与者が贈与の際に、親又は後見人が財産を管理してはならないと定めたこと。

⑵　被相続人は終意処分により、また、贈与者は贈与の際に、次に定める事項をすることができる。

１．無償財産保護人を指定すること。

２．無償財産保護人について、第1843条、第1845条、第1846条、第1848条、第1849条第１項第１文第１号及び第２号、同第２文、並びに第1865条に定める制限を免除すること。

　本項第１文第１号の場合においては、第1783条が準用される。本項第１文第２号の場合においては、第1859条第１項第２文及び第３文が準用される。

⑶　無償財産保護人が被保護人の財産を著しく危険にさらすときは、家庭裁判

所は、前項第１文第２号による制限の免除を取り消さなければならない。贈与者が生存しているときは、制限の免除の取消しはその承諾で足りる。その者が意思表示をすることが継続的に困難であるとき、又は、その居所を一定期間知ることができないときは、家庭裁判所は、本項第１文の要件が満たされる限り、贈与者に代わって承諾をしなければならない。

(4)　被保護人が無資力でない限り、無償財産保護人の時間給の額は、保護事務の遂行に要した専門的知見及び保護事務の量と難度に従って決定する。第1881条は準用される。

第1812条　保護の解消と終了

(1)　保護を命じる事由がなくなったときは、保護は解消されるものとする。

(2)　保護は、親の配慮又は後見が終了したとき、個別の事務を処理するための保護の場合はそれが処理されたとき、終了する。

第1813条　後見法の適用

(1)　本節の保護については、本法に別段の定めがないときは、後見に適用される規定が準用される。

(2)　第1809条第１項第１文の保護については、第1782条及び第1783条は適用されない。

第３節　法的世話

第１款　世話人の選任

第1814条　要件

(1)　成年者が、自己の事務の全部又は一部を法的に処理することができず、かつ、それが疾病又は障害を理由とするときは、世話裁判所は、この者のために法的世話人（世話人）を選任する。

(2)　成年者の自由意思に反して世話人を選任することはできない。

(3)　世話人は、必要な場合に限り、選任することができる。とりわけ成年者の事務が次のいずれかに該当するときは、世話人の選任が必要な場合にあたらない。

１．第1816条第６項に該当しない任意代理人によって、同様に処理すること
　　ができる事務

　２．社会権その他の規定に基づく支援など、法定代理人の選任のない他の支
　　援によって処理することができる事務

(4)　世話人は、成年者の申立て又は職権により選任される。成年者が、身体上
　　の疾病又は障害だけを理由にその事務を処理することができないときは、世
　　話人は、成年者本人の申立てによってのみ選任することができる。ただし、
　　成年者がその意思を示すことができない場合はこの限りでない。

(5)　17歳に達した未成年者について、成年に達した時に世話人の選任が必要と
　　なることが想定されるときは、世話人を選任することができる。世話人の選
　　任は、成年に達した時点で初めてその効力を生じる。

第1815条　世話の範囲

(1)　世話人の職務の範囲は、一つ又は複数の職務事項からなる。職務事項は、
　　世話裁判所が個別に命じるものとする。職務事項は、世話人がそれを法的に
　　実施する必要がある場合に限り、命じることができる。

(2)　世話人は、世話裁判所が世話人に対して、以下に掲げる事項を職務事項と
　　して明示的に定めた場合に限り、当該事項について判断をすることができ
　　る。

　１．第1831条第１項に定める被世話人の自由の剥奪を伴う収容

　２．世話人の滞在場所如何にかかわらず、第1831条第４項に定める自由の剥
　　奪を伴う措置

　３．被世話人の外国における常居所の決定

　４．被世話人の面会に関する決定

　５．被世話人との電信を含む通信手段を用いたやり取りに関する判断

　６．被世話人の郵便の受領、開封及び留置に関する判断

(3)　第1820条第３項の要件に従い、被世話人の任意代理人に対する権利の主
　　張、並びに被世話人が第三者に対して有する情報提供及び釈明を請求する権
　　利の主張も、世話人の職務事項とすることができる（監督世話人）。

第1816条　世話人の適格性と選任、成年者の希望の考慮

⑴　世話裁判所は、裁判において命じられた職務事項について、第1821条の定めるところに従い被世話人の事務を法的に処理し、とりわけこれに必要な範囲で被世話人と接触を持つことについて適性がある者を、世話人に選任する。

⑵　成年者に、世話人となる者について希望があるときは、これに応じるものとする。ただし、希望された者が前項により世話をするのにふさわしい者でないときは、この限りでない。成年者が特定の者を世話人にすることを拒むときは、これに応じるものとする。ただし、その拒絶が世話人個人に関わるものではなく、世話人を選任すること自体に関わるときは、この限りでない。本項第１文及び第２文は、成年者が世話手続の開始前に述べていた希望についても妥当する。ただし、成年者に、その希望を維持する意思がないことが明らかなときは、この限りでない。成年者のために世話人を選任する手続の開始を知り、かつ、この成年者が自己に世話人が選任されなければならない場合のために、世話人の選任又は世話の実施について希望を述べた文書（世話処分）を所持する者は、世話裁判所に対して、その世話処分を提出しなければならない。

⑶　成年者が世話人に選任され得る者を提案しないとき、又は希望された者が適任でないときは、世話人の選任に際して、とりわけ婚姻の相手方当事者、両親、及び子などの成年者と家族の関係にある者、成年者の個人的な関係、並びに利益相反の危険性を考慮しなければならない。

⑷　成年者と家族の関係又は個人的な関係のいずれもない者は、世話組織法第14条に従い承認された世話社団又は管轄官庁との間で、同法第15条第１項第１文第４号又は同法第５条第２項第３文に従い指導と支援に関する取決めを締結した場合に限り、名誉職世話人に選任することができる。

⑸　世話組織法第19条第２項に定める職業世話人は、他に名誉職として世話を実施するのに適した者がいない場合に限り、世話人として選任され得るものとする。特定の職業世話人を選任すべきか否かの判断に際しては、この者が

既に担当している世話の数及び仕事量を考慮するものとする。

(6) 成年者のために身の回りの世話をしている施設又は機関の代表者と従属関係又はその他の密接な関係にある者は、世話人に選任することができない。ただし、個別事案において、具体的な利益相反の危険が存在しないときは、この限りでない。

第1817条　複数の世話人、支障時の世話人、補完世話人

(1) 世話裁判所は、被世話人の事務をよりよく処理できるときは、複数の世話人を選任することができる。この場合において、世話裁判所は、どの世話人にどの職務事項を委ねるかを定める。複数の職業世話人は、本条第2項、第4項及び第5項に規律された場合を除き、選任することができない。

(2) 被世話人の不妊手術への同意に関する判断については、常に特別の世話人を選任しなければならない（不妊手術世話人）。

(3) 複数の世話人に同一の職務事項が委ねられているときは、各世話人は、共同してのみ被世話人の事務を処理することができる。ただし、世話裁判所が別段の定めをしているとき、又は遅延すれば危険が生じるときは、この限りでない。

(4) 世話裁判所は、世話人が事実上の理由から世話を実施できない限りにおいて、被世話人の事務を処理すべき支障時の世話人を予備的に選任することもできる。この場合において、第1818条第1項第1文の要件が満たされていなくても、認可を受けた世話社団も支障時の世話人に選任することができる。

(5) 世話人が法的事由により被世話人の個別の事務を処理できないときは、世話裁判所は、そのための補完世話人を選任しなければならない。

第1818条　世話社団又は世話官庁による世話

(1) 成年者が希望するとき、又は成年者が一人若しくは複数の自然人によって十分な世話を受けることができないときは、世話裁判所は、認可を受けた世話社団を世話人に選任する。この選任には、世話社団の同意を必要とする。

(2) 世話社団は、世話の実施を個人に委ねる。この場合において、成年者の提案があるときは、反対する重大な事由がない限り、世話社団はこれに応じな

ければならない。世話社団は、速やかに、遅くともその選任後2週間以内に、誰に世話の実施を委ねたかを裁判所に通知する。本項第2文及び第3文は、世話社団のために世話を実施する者が変更された場合に準用される。

(3) 世話社団は、成年者が一人又は複数の自然人によって十分な世話を受けられることを示す事情を知ったときは、これを世話裁判所に通知しなければならない。

(4) 成年者が、一人若しくは複数の自然人又は世話社団のいずれによっても十分な世話を受けることができないときは、世話裁判所は、管轄する世話官庁を世話人に選任する。第2項及び前項は準用される。

(5) 不妊手術への同意に関する判断は、世話社団又は管轄官庁のいずれにも委ねることができない。

第1819条　引受義務、選任に関するその他の要件

(1) 世話裁判所によって選ばれた者は、その家族、職業及びその他の事情に鑑みて世話の引受けを期待され得るときは、引き受ける義務を負う。

(2) 前項において選ばれた者は、世話を引き受ける意思がある旨を表明して初めて、世話人に選任され得る。

(3) 認可を受けた世話社団において、専ら又は副次的に世話人として活動する職員（社団世話人）は、世話社団の同意がある場合に限り、世話人に選任され得る。世話官庁の職員で、世話人に選任される者（官庁世話人）についても、同様とする。

第1820条　事前代理権及び管理的世話

(1) 成年者のために世話人の選任に関する手続が開始されたことを知り、かつ、成年者がその事務を実施するための代理権を別の者に授与した文書を所持する者は、世話裁判所に遅滞なくこれを伝えなければならない。世話裁判所は、当該文書の写しの提出を求めることができる。

(2) 任意代理人が次に掲げる措置をするには、代理権が書面により与えられ、かつ、その措置を明示的に対象としていなければならない。

　1．第1829条第1項第1文及び第2項に定める措置への同意及びその撤回又

はそれらの措置への不同意

　２．第1831条に定める収容、及び同第４項に定める措置への同意

　３．第1832条に定める強制的医療措置及び同第４項に定める入院への同意

⑶　世話裁判所は、次に掲げる理由で必要となるときは、監督世話人を選任する。

　１．授権者が、疾病又は障害のために、任意代理人に対する権利を行使し得る状態にないこと、かつ、

　２．任意代理人が、授権者の事務をその者との取決め又はその明示的若しくは推定的意思に沿う形で処理しないであろうと想定される具体的根拠があること。

⑷　世話裁判所は、次に掲げるいずれかの場合には、任意代理人がその授与された代理権を行使することを禁止し、代理権授与証明書を世話人に返還するよう命ずることができる。

　１．任意代理人が授権者の希望に沿う形で行動せず、それにより授権者の身上又は財産が重大な危険にさらされる急迫の危険があるとき。

　２．任意代理人が、世話人の職務の遂行を妨げるとき。

　　第１文の要件が消滅したときは、世話裁判所は、当該命令を取り消し、代理権が消滅していないときは、世話人に対して、任意代理人に代理権授与証明書を返還するよう義務付けなければならない。

⑸　世話人が、身上配慮に関する措置又は財産配慮の主要部分に関する措置のために任意代理人に付与された代理権の全部又は一部を撤回することができるのは、その代理権を維持することが被世話人の身上又は財産に将来損害を与えるであろうことが十分な蓋然性をもって深刻に危惧され、かつ、より緩やかな措置では被世話人に対する損害を回避するのに適していないと解される場合に限られる。この撤回には、世話裁判所の許可を要する。世話裁判所は、代理権の撤回を許可するとともに、代理権授与証明書を世話人に返還するよう命じることができる。

第2款　世話の遂行

第1目　総則

第1821条　世話人の義務、被世話人の希望

(1)　世話人は、被世話人の事務を法的に処理するのに必要な全ての行為を行う。世話人は、その際に、被世話人が自らその事務を法的に遂行するのを支援し、第1823条に定める代理権は、必要な限りでのみ行使する。

(2)　世話人は、被世話人の事務を、可能な範囲で被世話人がその希望の通りに生活できるように、遂行しなければならない。世話人は、そのために、被世話人の希望を確認しなければならない。世話人は、第3項の場合を除いて、被世話人の希望に応じ、かつ、被世話人がそれを実現するのを法的に支援しなければならない。被世話人が世話人の選任前に明らかにした希望についても同様である。ただし、被世話人がその希望に固執する意思がないことが明らかな場合はこの限りでない。

(3)　世話人は、次に掲げるいずれかの場合には、被世話人の希望に従わなくてよい。

　　１．被世話人の希望に従うことが、被世話人の身上又は財産を重大な危険にさらし、かつ、被世話人がその疾病又は障害のためにその危険を認識できない又はそれを理解した上で行動することができないとき。

　　２．希望に従うことを世話人に期待することができないとき。

(4)　世話人は、被世話人の希望を確認できないとき又は前項第1号によりその希望に応じなくてよい場合は、具体的根拠に基づいて被世話人の推定的意思を探求し、その意思に従わなければならない。その際には、とりわけ被世話人による従前の発言、倫理的又は宗教的信条、及びその他の個人的価値観を考慮するものとする。被世話人の推定的意思を確定する際には、被世話人の近親者及びその他の親しい者に発言の機会を与えなければならない。

(5)　世話人は、被世話人と必要な個人的接触をとり、定期的に面談を行い、その事務について話し合わなければならない。

(6)　世話人は、その職務範囲において、被世話人が自らの事務を処理する能力

を回復又は向上させる手段が利用されるよう務めなければならない。

第1822条　近親者に対する情報提供義務

世話人は、被世話人の近親者及びその他の親しい者が求めたときは、前条第2項ないし第4項に従い考慮される被世話人の希望又はその推定的意思に合致し、かつ、世話人に期待することができる範囲で、被世話人の生活状況について情報を提供しなければならない。

第1823条　世話人の代理権

世話人は、その職務範囲において、裁判上及び裁判外で被世話人を代理することができる。

第1824条　代理権の排除

(1)　世話人は、次に掲げる事項については、被世話人を代理することができない。

1. 世話人の婚姻の相手方当事者又は直系血族と、被世話人との法律行為。ただし、その法律行為が専ら債務の履行を目的とするときは、この限りでない。

2. 質権、抵当権、船舶抵当権、若しくは保証によって担保された被世話人の世話人に対する債権を譲渡若しくは担保に提供することを目的とする法律行為、若しくはこれらの担保の消滅若しくは減額を目的とする法律行為、又はこれらの譲渡、担保提供、解消若しくは減額を被世話人に義務付ける法律行為

3. 第1号に掲げる者の間の争訟及び前号に掲げる種類の事務に関する争訟

(2)　第181条の適用は妨げられない。

第1825条　同意の留保

(1)　世話裁判所は、被世話人の身上又は財産に対する重大な危険を回避するために必要である限り、世話人の職務事項に関わる意思表示を被世話人がするには、世話人の同意を要することを命ずる（同意の留保）。成年者の自由意思に反して、同意の留保を命ずることはできない。第108条ないし第113条、第131条第2項及び第210条は準用される。

(2) 次に掲げる事項を対象とした同意の留保は認められない。

1. 婚姻の締結を目的とした意思表示

2. 終意処分

3. 相続契約の取消し

4. 相続契約の合意解除

5. 本編及び第5編の規定により行為能力を制限された者が、法定代理人の承諾を要せずにすることができる意思表示

(3) 被世話人は、同意の留保が命じられたときであっても、意思表示が自己に法律上の利益をもたらすだけのときは、世話人の同意を要しない。意思表示が日常生活の軽微な事務を対象とするときも、裁判所が別段の命令をしていない限り、同様とする。

(4) 世話裁判所は、17歳に達した未成年者についても、成年に達したときに同意の留保が必要となることが想定されるときは、同意の留保を命じることができる。

第1826条　世話人の責任

(1) 世話人は、被世話人に対して、義務違反によって生じた損害について責任を負う。ただし、義務違反について世話人の責めに帰すべき事由がない場合は、この限りでない。

(2) 複数の世話人が前項の損害について共に責任を負うときは、連帯債務者として責任を負う。

(3) 世話社団が世話人に選任されたときは、世話社団は、被世話人に対して、その構成員又は職員の責に帰すべき事由について、団体の内規に従い選任された代理人の過失と同様に、責任を負う。

第2目　身上に関する事項

第1827条　患者による指示、被世話人の治療にかかる希望又は推定的意思

(1) 同意能力のある成年者が、同意能力を失った場合に備えて、現時点では差し迫っていない一定の健康状態の検査、治療行為又は医的侵襲に同意するか又はこれを拒否するかを書面で決定しているときは（患者による指示）、世

話人は、この決定内容が被世話人の現在の生活状況及び治療状況にふさわしいか否かを検討する。ふさわしいと認められた場合において、世話人は、被世話人の意思を表明し、実現しなければならない。患者による指示は、いつでも無方式で撤回することができる。

(2) 患者による指示が存在しない、又はその決定内容が被世話人の現在の生活状況及び治療状況にふさわしくないときは、世話人は、被世話人の治療の希望又は推定的意思を確認し、これに基づいて、前項に定める医療措置に同意するか又はこれを拒否するかを判断しなければならない。被世話人の推定的意思は、具体的根拠に基づいて探求するものとする。その際には、とりわけ被世話人による従前の発言、倫理的又は宗教的信条、及びその他の個人的価値観を考慮するものとする。

(3) 前二項は、被世話人の疾患の種類及び進行段階にかかわらず適用される。

(4) 世話人は、適切な場合には、被世話人に対して、患者による指示の可能性を示し、被世話人が希望すれば、患者による指示の作成を支援する。

(5) 患者による指示の作成を義務付けることはできない。患者による指示を作成すること又はそれを提示することを、契約締結の条件としてはならない。

(6) 第1項ないし第3項は、任意代理人に準用される。

第1828条　患者の意思を確認するための対話

(1) 治療にあたる医師は、患者のあらゆる状況及び予後に鑑みていかなる医療措置に適応があるかを検討する。医師及び世話人は、前条に従いなすべき判断の基礎となる患者の意思を考慮して、これらの措置について検討を行う。

(2) 前条第1項に定める患者の意思、又は同第2項に定める治療にかかる希望又は推定的意思を確認するときは、著しく遅滞することなく行い得る限り、被世話人の近親者及びその他の親しい者に対して、意見表明の機会を与えるものとする。

(3) 前二項は、任意代理人に準用される。

第1829条　医療措置に対する世話裁判所の許可

(1) 健康状態の検査、治療行為又は医的侵襲に対する世話人の同意は、その措

置により被世話人が死亡し又は重大かつ長期にわたる健康被害を受ける危険が根拠を伴って存在するときは、世話裁判所の許可を要する。延期すれば危険が生ずるときに限り、許可を得ないでその措置を実施することができる。

(2) 健康状態の検査、治療行為又は医的侵襲に対する世話人の同意の拒否又は同意の撤回は、当該措置が医学的に適切であり、かつ、被世話人が当該措置を実施しない又は中断することで死亡し又は重大かつ長期にわたる健康被害を受ける危険が根拠を伴って存在するときは、世話裁判所の許可を要する。

(3) 同意、同意の拒否又は同意の撤回が被世話人の意思にかなうときは、前二項の許可を与えるものとする。

(4) 同意、同意の拒否又は同意の撤回が、第1827条により確認された被世話人の意思にかなうことについて、世話人と治療にあたる医師との間で意見が一致するときは、第1項及び第2項の許可を要しない。

(5) 第1項ないし前項は、第1820条第2項第1号の要件に従い、任意代理人に準用される。

第1830条　不妊手術

(1) 不妊手術世話人は、被世話人が不妊手術に同意をすることができない場合において、次に掲げる全ての要件を満たすときに限り、不妊手術に同意をすることができる。

1．不妊手術が被世話人の自然の意思に合致していること。

2．被世話人が長期にわたって同意することができない状態にあるであろうこと。

3．不妊手術をしなければ妊娠するかもしれないと想定できること。

4．妊娠すると、妊婦の生命に対する危険又はその身体的若しくは精神的な健康状態に重大な侵害をもたらす危険が生じることが予想され、期待できる方法ではこれらの危険を回避できないこと。

5．他の期待できる手段では妊娠を阻止できないこと。

(2) 前項に定める同意は、世話裁判所の許可を要する。不妊手術は、許可が効力を生じてから2週間が経過した後に初めて実施することができる。不妊手

術においては、妊娠可能な状態に回復し得る方法を常に優先しなければならない。

第1831条　自由の剥奪を伴う収容及び措置

(1)　世話人は、次のいずれかの理由のために必要である場合に限り、被世話人の自由の剥奪を伴う収容をすることができる。

　１．被世話人が、精神病又は知的若しくは精神的障害のために、自殺し又は著しく健康を害する危険のあること。

　２．急迫する重大な健康被害を回避するために、健康状態の検査、治療行為又は医的侵襲が必要不可欠であって、被世話人を収容することなしにその措置を実施することができず、かつ、被世話人が精神病又は知的若しくは精神的障害のために収容の必要性を認識できない又は理解した上でこれに基づいて行動することができないこと。

(2)　前項の収容は、世話裁判所の許可があるときに限り、認められる。許可なしに収容できるのは、延期することで危険が生じる場合に限られる。この場合においては、遅滞なく事後的に許可を得なければならない。

(3)　世話人は、収容の要件が満たされなくなったときは、収容を終了しなければならない。世話人は、世話裁判所に対して、収容を終了したことを遅滞なく報告しなければならない。

(4)　病院、介護施設又はその他の施設に滞在する被世話人が、器機、薬物若しくはその他の方法により、一定期間又は日常的に自由を剥奪される場合には、第１項ないし前項が準用される。

(5)　第１項ないし前項は、第1820条第２項第２号の要件に従い、任意代理人に準用される。

第1832条　強制的医療措置

(1)　健康状態の検査、医療措置又は医的侵襲が被世話人の自然の意思に反するときは（強制的医療措置）、世話人は次に掲げる全ての要件を満たすときに限り、その強制的医療措置に同意をすることができる。

　１．被世話人の急迫する重大な健康被害を回避するために、その強制的医療

措置が必要であること。

2．被世話人が、精神病又は知的若しくは精神的障害のために、その強制的医療措置の必要性を認識できない又は理解した上で行動することができないこと。

3．その強制的医療措置が第1827条に従い考慮されるべき被世話人の意思に合致すること。

4．事前に、不当な圧力を加えることなく十分な時間をかけて、被世話人にその医療措置の必要性を納得させることを真摯に試みていたこと。

5．被世話人にとって、より負担の少ない他の措置によったのでは、急迫する重大な健康被害を回避することができないこと。

6．その強制的医療措置について、予測される効果が予測される被害を明確に上回ること。

7．その強制的医療措置が、必要な事後措置を含めて被世話人への適切な医療提供が保障される病院での入院治療の枠組みにおいてなされること。

第1867条は、世話人がその義務を履行できない場合においてのみ適用される。

(2)　強制的医療措置への同意は、世話裁判所の許可を要する。

(3)　世話人は、強制的医療措置の要件が満たされなくなったときは、その同意を撤回しなければならない。世話人は、世話裁判所に対して、遅滞なくその同意の撤回を報告しなければならない。

(4)　強制的医療措置がとられる場合において、被世話人をその自然の意思に反して病院で入院治療をするために収容するときは、前条第1項第2号、同第2項及び同第3項第1文が準用される。

(5)　第1項ないし前項は、第1820条第2項第3号の要件に従い、任意代理人について準用される。

第1833条　被世話人の住居の放棄

(1)　世話人は、第1821条第2項ないし第4項に定める要件が満たされる場合に限り、被世話人が自ら使用する住居を放棄することができる。第1821条第3

項第1号に定める危険は、とりわけ、被世話人が使用できる全資金を用いても住居費用を調達できない場合、又は、あらゆる通所サービスを利用しても在宅でのケアが被世話人に健康上の重大な危険をもたらす場合に認められる。

(2) 世話人は、被世話人が自ら使用する住居を放棄しようとするときは、世話裁判所に対して、その理由及び被世話人自身の見解を示した上で、遅滞なく届出をしなければならない。住居の放棄が他の理由からなされることが考えられる場合において、世話人の職務事項がこの事務を含むときは、世話人は、その事情及び世話人がとる予定である措置についても、世話裁判所に遅滞なく届出をしなければならない。

(3) 世話人は、被世話人が自ら利用する住居について、次に掲げるいずれかの事項をするときは、世話裁判所の許可を得なければならない。

1. 使用賃貸借関係の解約
2. 使用賃貸借関係を解消する旨の意思表示
3. その住居の賃貸
4. それが住居の放棄を伴う限り、土地又は土地に係る権利の処分
　　第1855条ないし第1858条は準用される。

第1834条　被世話人の個人的な交流及び居所に関する決定

(1) 世話人は、被世話人と他の者との個人的な交流については、被世話人がこれを望む場合、又は第1821条第3項第1号に定める具体的な危険が被世話人に生じるおそれがある場合に限り、第三者に対して肯定する又は否定する効力をもって定めることができる。

(2) 居所の指定には、被世話人の居所を第三者に対して肯定する又は否定する効力をもって決定する権利、及び、必要な場合には被世話人の引渡しを求める権利が含まれる。

(3) 前二項に関する争いについては、申立てにより世話裁判所が決定する。

第3目　財産関係
第3目の1　総則
第1835条　財産目録

(1)　世話人は、被世話人の財産管理を職務事項とするときは、その選任の時点において、被世話人の財産目録を作成し、その正確性及び完全性を確認して、世話裁判所に提出しなければならない。財産目録は、被世話人の通常の収支についての記載も含むものとする。世話人は、被世話人が事後的に取得した財産を財産目録に追加しなければならない。複数の世話人が共同で財産を管理する限り、共同して財産目録を作成しなければならない。

(2)　世話人は、財産目録の記載について、適切な方法でその根拠を示さなければならない。

(3)　世話人は、財産目録を適式に作成するのに必要であり、かつ、被世話人の財産に鑑みて適切であるときは、管轄を有する世話官庁若しくは官吏、公証人、又は鑑定人を、目録の作成に加えることができる。

(4)　個別の事情に鑑み、被世話人の財産を保護するため又は法的紛争を回避するために、第三者が財産目録の正確性及び完全性を監督する必要があることを示す具体的根拠があるときは、世話裁判所は、財産目録の作成、とりわけ個々の財産の実況検分に当たり、第三者を証人として加えることができる。当該第三者にかかる費用の支弁については、司法補助官の報酬及び費用償還に関する法の証人に対する償還の規定を適用するものとする。世話人は、当該第三者にその職務を遂行させなければならない。その第三者は、世話裁判所に対して、財産目録の作成、とりわけ実況検分の結果を報告しなければならない。

(5)　世話裁判所は、作成された財産目録が不十分であるときは、管轄のある世話官庁又は公証人に財産目録を作成するよう命令することができる。

(6)　世話裁判所は、被世話人に財産目録を開示しなければならない。ただし、これによって被世話人の健康に著しい悪影響があるとき、又は、被世話人が明らかに財産目録を理解できる状態にないときは、この限りでない。

第1836条　分別の要請、世話人のための財産使用

⑴　世話人は、被世話人の財産を、自己の財産と分別して管理しなければならない。ただし、被世話人と世話人の共同財産であって、世話人の選任時に存在する財産及び世話の継続中に追加された財産は、世話裁判所が別段の定めをしないときは、この限りでない。

⑵　世話人は、被世話人の財産を自己のために用いてはならない。ただし、世話が名誉職として実施され、かつ、被世話人と世話人とがその使用について合意しているときは、この限りでない。ただし書による使用については、その合意に関する疎明とともに、世話裁判所に報告しなければならない。

⑶　家財及び第1839条に定める自由処分金については、世話人が被世話人と家計を同一にしている又はしていた場合で、かつ、その使用が被世話人の希望又は推定的意思に一致するときは、前項第１文を適用しない。

第1837条　相続又は贈与の場合における世話人による財産管理

⑴　世話人は、被世話人が死亡を原因として取得した財産、又は被世話人が第三者からの死因贈与若しくは生前贈与により無償で取得した財産について、被相続人が終意処分により又は贈与者が贈与の際に指示をしており、この指示が世話人を名宛人とするものであるときは、その指示に従って管理しなければならない。

⑵　世話裁判所は、被相続人又は贈与者の指示に従うと被世話人の財産を著しく危険にさらすときは、当該指示を取り消すことができる。贈与者が生存しているときは、その承諾のみによって、前項に定める指示に従わないとすることができる。贈与者が長期にわたって意思表示をすることができないとき、又は贈与者の居所が長期にわたって知れないときは、世話裁判所は、第１文の要件の下で、その承諾を代行することができる。

第３目の２　金銭、有価証券、高価品の管理

第1838条　財産的事務に関する世話人の義務

⑴　世話人は、被世話人の財産的事務を第1821条の定めるところに従い遂行しなければならない。第1839条ないし第1843条による財産的事務の遂行は、被

世話人の推定的意思が異なるという十分に具体的な根拠がない限り、第1821条第4項に定める被世話人の推定的意思に合致するものと推定する。

(2)　前項第1文で必要とされる財産的事務の遂行が第1839条ないし第1843条に定める諸原則から逸脱するときは、世話人は、被世話人の希望を疎明した上で、遅滞なく世話裁判所に報告しなければならない。世話裁判所は、第1821条第3項第1号に定める危険が生じるおそれがあるときは、明示的に第1839条ないし第1843条又は個々の規定を遵守するよう命令することができる。

第1839条　自由処分金の準備

(1)　世話人が被世話人のために支出する必要のある被世話人の金銭は（自由処分金）、金融機関における被世話人の振替口座に預けなければならない。第1840条第2項に定める現金は除く。

(2)　前項にかかわらず、第1841条第2項に定める被世話人が別に有する利息付口座に自由処分金を準備することができる。

第1840条　現金によらない決済

(1)　世話人は、被世話人のための決済については、前条第1項第1文に従い管理すべき振替口座を利用して、現金によらない方法で行わなければならない。

(2)　次に掲げる場合については、前項を適用しない。

　1．その取引において通常現金で決済されるとき。

　2．被世話人への支払

第1841条　預金義務

(1)　世話人は、第1839条の支出に用いない被世話人の金銭を預金しなければならない（預金）。

(2)　世話人は、預金を、金融機関における被世話人の利息付口座に預けなければならない（預金口座）。

第1842条　金融機関に関する要件

　第1839条及び前条第2項に定める預金をする際には、その金融機関は、預金を保障するのに足りるだけの預金保険機構に属していなければならない。

第1843条　有価証券の預託

⑴　世話人は、預託法第１条第１項及び第２項に定める被世話人の有価証券については、個別又は一括管理の方法により、金融機関に保管しなければならない。

⑵　世話人は、被世話人のその他の有価証券については、金融機関の貸金庫に預けなければならない。

⑶　個別の事情により、有価証券の性質を考慮して被世話人の財産の保全のために必要でないときは、有価証券を預託する義務はない。

第1844条　世話裁判所の命令に基づく高価品の預託

世話裁判所は、被世話人の財産の保全に必要なときは、世話人に対して、被世話人の高価品を預託所又はその他の適当な保管場所に預託するよう命令することができる。

第1845条　処分制限の取決め

⑴　世話人は、第1841条第２項に定める被世話人の預金については、金融機関との間で、世話裁判所の許可を得た場合に限り、世話人が処分できることを取り決めなければならない。第1839条第２項による自由処分金の預金は、この限りでない。

⑵　世話人は、第1843条第１項に定める有価証券については、管理者との間で、世話裁判所の許可を得た場合に限り、世話人が有価証券並びに利息及び配当金を除く預託契約上の権利を処分できることを取り決めなければならない。世話人は、金融機関との間で、世話裁判所の許可を得た場合に限り、第1843条第２項に定める有価証券にかかる貸金庫の開披及び前条により預託された高価品の返還を求め得ることを取り決めなければならない。

⑶　世話人が選任された際に、被世話人の預金口座又は預託口座について処分制限の取決めがなされなかったときは、前二項が準用される。この場合に、世話人は、世話裁判所に対して、処分制限の合意がなされたことを報告しなければならない。

第3目の3　報告義務

第1846条　金銭及び財産管理の場合における報告義務

(1)　世話人は、次に掲げる場合において、世話裁判所に遅滞なく報告しなければならない。

　1．被世話人のために振替口座を開設したとき。

　2．被世話人のために預金口座を開設したとき。

　3．保管口座を開設した、又は、被世話人の有価証券を預託したとき。

　4．被世話人の有価証券を第1843条第3項に従い保管口座に預託しないとき。

(2)　世話裁判所への報告においては、特に次に掲げる事項を記載しなければならない。

　1．前項第1号に定める振替口座の残高

　2．前項第2号に定める預金口座の残高及びその利息額、並びにそれを預金又は自由処分金のいずれとするかの決定

　3．前項第3号に従い保管又は預託された有価証券の種類、量及び価額、並びにそこから生じた費用及び収益

　4．世話人が、前項第4号に定める預託が必要ではないと判断した理由、及び有価証券の管理方法

　5．処分制限の取決め

第1847条　所得活動に関する報告義務

　世話人は、被世話人の名義による所得活動の開始、種類、範囲及び被世話人のそれまでの所得活動の終了を、世話裁判所に報告しなければならない。

第3目の4　許可を要する法律行為

第1848条　その他の預金の許可

　世話人は、預金を第1841条第2項に定める預金口座以外に預けるときは、世話裁判所の許可を得なければならない。

第1849条　権利及び有価証券の処分に対する許可

(1)　世話人は、次に掲げるものについて処分をするには、世話裁判所の許可を

得なければならない。

　　1．被世話人が金銭の支払又は有価証券の引渡しを求める根拠となる権利

　　2．被世話人の有価証券

　　3．被世話人が預託している高価品

　　　以上のものに関する処分を義務付ける合意についても同様とする。

⑵　次に掲げる場合においては、許可を要しない。

　　1．前項第1文第1号の金銭支払であって、その権利から生じる支払請求権
　　　が、次のいずれかであるとき。

　　a）　3000ユーロを超えないとき。

　　b）　被世話人の振替口座の預金を対象とするとき。

　　c）　世話人が自由処分金のために処分制限の取決めなしに開設した預金口
　　　座の預金を対象とするとき。

　　d）　被世話人の財産の利用に該当するとき。

　　e）　付随給付を目的とするとき。

　　2．前項第1文第2号において、有価証券の処分が次のものに該当すると
　　　き。

　　a）　被世話人の財産の利用

　　b）　有価証券の名義の被世話人名義への書き換え

　　3．前項第1文の処分において、当該処分の義務付けが既に世話裁判所の許
　　　可を受けているとき。

　　　前項第1文第2号は、同号に定める処分を義務付ける行為について準用さ
　　れる。

⑶　前項第1号aは、処分制限の取決めに服する預金から生じた支払請求権の
　　処分、及び、有価証券の現金化から生じた支払請求権の処分には適用しな
　　い。同号dは、処分制限の取決めに服し、かつ、元本利用に関する支払請求
　　権の処分には適用しない。

⑷　第1項ないし前項は、給付の受領に準用される。

第1850条　不動産及び船舶に関する法律行為に対する許可

世話人は、次に掲げる事項について、世話裁判所の許可を得なければならない。

1. 土地又は土地に対する権利の処分で、第1833条第3項第1文第4号による許可の対象となっていないもの

2. 土地所有権の譲渡、土地に対する権利の設定若しくは譲渡、又は土地からこれらの権利を滌除することを目的とする債権の処分

3. 登録された船舶若しくは建造中の船舶の処分、又は登録された船舶若しくは建造中の船舶の所有権の譲渡を目的とする債権の処分

4. 被世話人が無償で住居の所有権又は持分権を取得する法律行為

5. 第1号ないし第3号に掲げた処分又は前号に掲げた取得の義務付け

6. 被世話人が土地、登録された船舶若しくは建造中の船舶、又は土地に対する権利を有償で取得することを義務付ける法律行為、及び、土地、登録された船舶若しくは建造中の船舶の所有権の譲渡、又は土地に対する権利の移転を目的とする債権を有償で取得することの義務付け

第1851条　相続法上の法律行為に対する許可

世話人は、次に掲げる事項について、世話裁判所の許可を得なければならない。

1. 相続又は遺贈の放棄、遺贈又は遺留分の主張の放棄、並びに遺産分割契約の締結

2. 被世話人に対して、その相続した遺産、その将来の法定相続分、又はその将来の遺留分の処分を義務付ける法律行為

3. 遺産に対する被世話人の相続分の処分又は被世話人を共同相続関係から排除する取決め

4. 第2282条第2項による、行為無能力者である世話人を被相続人として締結された相続契約の取消し

5. 第2290条による、相続契約又は契約上の個別の処分を取り消すことを内容とする被相続人との契約の締結

6. 第2291条による、被相続人との相続契約において定められた遺贈、負

担、及び準拠法選択の条項を遺言で取り消すことへの承諾

7．第2292条による、婚姻の両当事者又は生活パートナーシップ当事者の間で締結された相続契約の、婚姻の両当事者又は生活パートナーシップ当事者の間での共同遺言による取消し

8．第2300条第2項による、死因処分のみを内容とする被相続人との相続契約の官庁又は公証人の保管からの取戻し

9．第2346条及び第2351条による相続又は遺留分を放棄する契約の締結又は取消し、及び、第2352条による贈与を放棄する契約の締結

第1852条　商法及び会社法上の法律行為に対する許可

世話人は、次に掲げる事項について、世話裁判所の許可を得なければならない。

1．被世話人が次のいずれかを取得する又は譲渡する処分、及びそのような処分の義務付け

a）　事業

b）　事業を行う人的会社又は資本会社の持分

2．事業を行うための組合契約

3．商事支配権の授与

第1853条　反復的給付に関する契約に対する許可

世話人は、次に掲げる事項について、世話裁判所の許可を得なければならない。

1．使用賃貸借契約若しくは用益賃貸借契約の締結、又はその他の被世話人が4年を超えて反復的給付の義務を負う契約の締結

2．商業、農業又は林業に関する営業のための用益賃貸借契約の締結

第1文第1号は、被世話人が自己の不利益となることなしに、期間満了前にその契約を解約することができるときは、適用されない。

第1854条　その他の法律行為に対する許可

世話人は、次に掲げる事項について、世話裁判所の許可を得なければならない。

1．被世話人に対して、その財産全体についての処分を義務付ける法律行為

2．被世話人の信用で金銭を受領すること。ただし、被世話人が金融機関に
有する振替口座に預けておくべき自由処分金の引き出しが認められている
場合（第1839条第1項）を除く。

3．無記名債券の振出、又は裏書による譲渡が可能な手形若しくはその他の
証券上の債務の負担

4．他人の債務を引き受けることを内容とする法律行為

5．保証契約の締結

6．和解又は仲裁手続のための合意。ただし、訴訟物又は争いの対象を金銭
に見積もることができ、それが6000ユーロを超えないとき、又は和解が書
面による又は記録に記された裁判上の和解提案に対応しているときは、こ
の限りでない。

7．被世話人の債権に付された担保を滌除若しくは減少させる法律行為、又
はこれらを義務付ける法律行為

8．贈与又は無償の利益供与。ただし、被世話人の生活状況に鑑みて適切な
もの、及び、時宜の贈り物として通常行われるものは除く。

第3目の5　許可

第1855条　許可の付与

世話裁判所は、法律行為を許可するときは、世話人に対してしなければなら
ない。

第1856条　事後的な許可

(1) 世話人が、世話裁判所による必要な許可を得ることなく契約を締結したと
きは、その契約は、世話裁判所の事後的な許可があれば有効である。許可及
びその拒絶は、相手方との関係では、世話人が有効となった許可又は拒絶に
ついて相手方に通知したときに、その効力を生じる。

(2) 相手方が世話人に対して、許可があったか否かを通知するよう催告したと
きは、催告を受けてから2か月以内に限り、許可の通知をすることができ
る。許可の通知がないときは、拒絶されたものとみなす。

⑶　世話が取り消された又は終了したときは、被世話人の追認をもって、世話
　裁判所の許可に代えるものとする。

第1857条　契約相手方の撤回権

　世話人が、真実に反して世話裁判所の許可を受けた旨を相手方に告げたとき
は、相手方は、世話裁判所の事後的な許可の通知があるまでは、撤回すること
ができる。ただし、契約締結に際して、相手方が許可のないことを知っていた
ときは、この限りでない。

第1858条　単独行為

⑴　世話人が、世話裁判所による必要な許可を得ることなく行った単独行為
　は、無効である。

⑵　世話人が、世話裁判所の許可を得て、相手方のある単独行為を行った場合
　において、世話人が許可を受けたことを示さず、かつ、相手方がこれを理由
　に遅滞なくその法律行為を拒絶したときは、無効である。

⑶　世話人が、世話裁判所の許可を得ることなく裁判所又は官庁を相手として
　単独行為を行ったときは、その法律行為は、世話裁判所の事後的な許可があ
　れば有効である。その法律行為は、世話裁判所による許可決定が確定するこ
　とで、有効となる。法定期間の進行は、許可を得るための裁判手続の係属中
　は停止する。この法定期間の進行の停止は、世話裁判所による許可決定が確
　定することで、終了する。世話裁判所は、許可決定が確定した後に、裁判所
　又は官庁に対して、許可を付与したか又は拒絶したかを伝えるものとする。

第３目の６　免除

第1859条　法定免除

⑴　法定免除を受ける世話人は、次の事項を免れる。

　１．第1845条に定める処分制限の取決めをする義務

　２．第1849条第１項第１文第１号及び第２号、並びに同第２文に定める制限

　３．第1865条による決算書の提出義務

　　免除を受けた世話人は、世話裁判所に、毎年、財産を管理している被世話
　人の財産の概況（財産概況書）を提出しなければならない。世話裁判所は、

財産概況書を一定の期間、最長で5年の間、提出するよう命令することができる。

(2) 法定免除を受ける世話人となり得るのは、次に掲げる者である。

1. 直系血族
2. 兄弟姉妹
3. 婚姻当事者
4. 世話社団又は社団世話人
5. 世話官庁又は官庁世話人

世話裁判所は、被世話人が世話人の選任前において書面でその希望を示したときは、上記の各号に掲げた世話人以外の者について、前項第1文に掲げた義務を免除することができる。被世話人が、明らかにこの希望を維持するつもりがないときは、この限りでない。

(3) 世話裁判所は、法定免除を継続すると、第1821条第3項第1号に定める危険が生じるおそれがあるときは、免除を取り消さなければならない。

第1860条 裁判所による免除の命令

(1) 世話裁判所は、被世話人の財産の価値が不動産及び債務を除いて6000ユーロを超えないときは、世話人の申立てに基づいて、第1841条、第1845条、第1848条、第1849条第1項第1文第1号及び第2号並びに第2文に定める制限の全て又は一部について、世話人を免除することができる。

(2) 世話裁判所は、事業における財産管理に伴うとき又はその他の財産管理上の特別の理由から必要となるときは、世話人の申立てに基づいて、第1848条、第1849条第1項第1文第1号及び第2号並びに第2文、並びに第1854条第2号ないし第5号に定める制限について、世話人を免除することができる。

(3) 世話裁判所は、被世話人の有価証券の管理において頻繁な有価証券の取引が必要とされ、かつ、世話人が資本市場にかかる十分な知見及び経験を有するときは、世話人の申立てにより、第1845条第2項、第1848条、第1849条第1項第1文第1号及び第2号並びに第2文に定める制限について、世話人を

免除することができる。

(4) 世話裁判所は、第1821条第3項第1号に定める危険が生じるおそれがない場合に限り、第1項ないし前項により、世話人の免除を命令することができる。

(5) 世話裁判所は、免除の要件が満たされなくなったときは、これを取り消さなければならない。

第3款　世話裁判所による助言及び監督

第1861条　助言、世話人に対する任命

(1) 世話裁判所は、世話人に対して、その職務遂行に際しての権利及び義務について助言を行う。

(2) 名誉職世話人は、その選任後、直ちに口頭で任命され、その職務について教示を受け、助言及び支援を利用できることを教示される。名誉職世話人が、現在一つ以上の世話を行っているとき、又は、過去2年の間にそれを行ったことがあるときは、この限りでない。

第1862条　世話裁判所による監督

(1) 世話裁判所は、世話人の全ての活動を監督する。この場合において、世話裁判所は、世話人による義務の遵守に注意を払い、とりわけ、第3項による命令、許可の付与、及び第1867条による保全処分に際しては、第1821条第2項ないし第4項に定められた基準に従わなければならない。

(2) 世話裁判所は、世話人が義務に違反して、被世話人の希望に従わない若しくは適切に従わないこと、又はその他の点において被世話人に対する義務を果たしていないことを示す根拠があるときは、被世話人の意見を聴取しなければならない。ただし、世話人の義務違反を明らかにするのに、被世話人の意見を聴取することが適切でない又は必要でないときは、この限りでない。

(3) 世話裁判所は、世話人の義務違反に対して、適切な命令をし、禁止をすることにより対処しなければならない。世話裁判所は、これらの命令に従わせるため、世話人に強制金を課すことができる。世話官庁、官庁世話人又は世話社団に対して強制金を課すことはできない。

(4)　州法においては、世話裁判所による財産法上の観点、及び、職業教育契約、雇用契約又は労働契約の締結に際しての監督に関する規定が、世話官庁には適用されない旨を定めることができる。

第1863条　被世話人の個人的状況に関する報告

(1)　世話人は、世話を引き受けたときは、被世話人の個人的状況について報告（初回報告）をしなければならない。初回報告においては、とりわけ次に掲げる事情について記載しなければならない。

　　１．被世話人の個人的状況

　　２．世話の目的、既に実施された措置、及び実施を予定しており、とりわけ第1821条第６項に鑑みてとられる予定の措置

　　３．世話についての被世話人の希望

　　第1835条により財産目録を作成すべきときは、これを初回報告に添付するものとする。初回報告は、世話人が選任されてから３か月以内に世話裁判所に送付しなければならない。世話裁判所は、初回報告について被世話人及び世話人と討議することができる。

(2)　前項は、世話が名誉職として、被世話人と家族の関係又は個人的なつながりのある者によって遂行されるときは、適用されない。この場合において、世話裁判所は、被世話人の希望がある場合又はその他の適切な場合には、被世話人との間で、前項第２文に定める事情を明らかにするための初回面談を行う。名誉職世話人はこの面談に参加しなければならない。第1835条に定める財産目録を作成する義務は、そのまま妥当する。

(3)　世話人は、世話裁判所に対して、被世話人の個人的状況について、少なくとも年に１回は報告しなければならない（年次報告）。世話人は、年次報告について被世話人と意見交換しなければならない。ただし、被世話人の健康に重大な悪影響があるおそれがある場合、又は被世話人が明らかに年次報告の内容を認識し得る状況にない場合は、この限りでない。年次報告においては、とりわけ以下の事項について記載しなければならない。

　　１．被世話人との人的接触の種類、範囲及び機会、並びに被世話人について

の個人的印象

　　2．従前の世話の目的が実現された程度、並びに被世話人の意思に反する措置を含む既に実施された措置及び今後予定されている措置

　　3．世話及び同意の留保を継続する必要性、とりわけその範囲を含む理由

　　4．職業としてなされる世話において、今後名誉職による世話に移行し得るかの報告

　　5．第1号から前号までの状況に対する被世話人の見解

(4)　世話が終了したときは、世話人は、前年の報告以来生じた個人的状況の変更を伝える終了報告書（最終報告）を作成しなければならない。最終報告は、世話裁判所に送付するものとする。最終報告においては、世話人の管理する被世話人の財産及び世話の遂行中に得た全ての文書の引渡しに必要な事項が記載されていなければならない。

第1864条　世話人の情報提供義務及び通知義務

(1)　世話人は、世話裁判所が要求するときは、いつでも世話の実施並びに被世話人の個人的状況及び経済状況について情報を提供しなければならない。

(2)　世話人は、被世話人の個人的状況及び経済状況に本質的な変更があるときは、遅滞なく世話裁判所に通知しなければならない。次に掲げる事情についても同様である。

　　1．世話又は同意の留保の取消しを可能とする事情

　　2．世話人の職務範囲の制限を可能とする事情

　　3．世話人の職務範囲の拡張を必要とする事情

　　4．追加的な世話人の選任を必要とする事情

　　5．同意の留保の命令を必要とする事情

　　6．職業として世話が遂行されている場合に、今後は名誉職としての世話の遂行を可能とする事情

第1865条　計算書

(1)　世話人は、その職務範囲に財産管理が含まれるときは、財産管理に関する計算書を世話裁判所に提出しなければならない。

⑵　計算書は、毎年作成するものとする。計算期間は、世話裁判所が定める。

⑶　計算書は、収支の全てを整序して記載し、世話人の管理する財産の増減に関する情報を提供するものでなければならない。世話裁判所は、第１文により整序された記載を作成するため、細目を定めることができる。世話裁判所は、適切な場合には、証拠書類の提出を省略することができる。被世話人が世話人に委託された職務範囲の枠内でその財産の一部を自ら管理するときは、世話人は、世話裁判所にその旨を通知しなければならない。世話人は、この通知の正確性を被世話人の表明によって証明し、それができないときは、宣誓に代わる保証によって正確性を担保しなければならない。

⑷　被世話人が商人の計算帳簿の作成を伴う事業を営むときは、帳簿から抜粋された年次決算をもって計算書とすることができる。世話裁判所は、帳簿その他の証拠書類の提出を求めることができる。

第1866条　世話裁判所による計算書の検査

⑴　世話裁判所は、計算書の内容及び計算を検査し、必要なときは世話人にその訂正及び補充をさせなければならない。

⑵　世話人と被世話人の間において争いのある請求権を裁判上行使する可能性は妨げられない。この請求権は、世話の終了前であっても、行使することができる。

第1867条　世話裁判所による保全処分

世話人を選任するための要件が満たされていると解される急迫の事情があるにもかかわらず、世話人がいまだ選任されていない又は世話人が義務の履行を妨げられているときは、世話裁判所は、差し迫って必要とされる措置をとらなければならない。

第４款　世話及び同意の留保の終了、解消又は変更

第1868条　世話人の解任

⑴　世話裁判所は、世話人について被世話人の事務を処理する適性が当初から若しくは現段階では保証されていないとき、又は、その他の重大な解任事由があるときは、世話人を解任しなければならない。重大な解任事由は、世話

人が必要とされる計算を故意に誤ってなしたとき、又は、被世話人との必要な個人的接触をしなかったときにも認められる。

(2) 世話裁判所は、世話組織法第27条第1項及び第2項により職業世話人の登録が撤回され又は取り消されたときは、その職業世話人を解任しなければならない。

(3) 世話裁判所は、被世話人が将来名誉職による世話を受けることができるときは、職業世話人、世話社団、官庁世話人又は世話官庁を解任しなければならない。

(4) 世話裁判所は、世話人の選任後にもはや世話の遂行を期待できない事情が生じたときは、世話人の申立てにより、世話人を解任する。

(5) 世話裁判所は、被世話人が、少なくとも同程度に適性を有し、かつ、世話を引き受ける意思のある者を新たな世話人として提案するときは、世話人を解任することができる。

(6) 社団世話人は、その世話社団によって申立てがなされたときも、解任され得るものとする。世話裁判所は、被世話人が従前の社団世話人による世話の継続を希望するときは、社団世話人の解任に代えて、その了解を得て、その者が以後は私人として世話を継続すべきことを決定することができる。第1文及び第2文は、官庁世話人に準用される。

(7) 世話社団又は世話官庁が世話人である場合において、被世話人が一人又は数人の自然人によって十分な世話を受けられるようになったときは、世話人は直ちに解任されなければならない。世話社団の場合において、被世話人がそれとは異なる希望をもつときは、この限りでない。

第1869条　新しい世話人の選任

世話人が解任された又は死亡したときは、新たな世話人を選任するものとする。

第1870条　世話の終了

世話裁判所が世話を解消したとき、又は被世話人が死亡したときは、世話は終了する。

第1871条　世話又は同意の留保の解消又は変更

(1)　世話は、その要件が満たされなくなったときは、解消しなければならない。世話の要件が世話人の職務事項の一部についてのみ満たされなくなったときは、世話人の職務範囲は縮減されなければならない。

(2)　世話人が被世話人の申立てによって選任されたときは、世話は、被世話人の申立てにより解消することができる。ただし、世話の維持が第1814条第2項を考慮しても必要であるときは、この限りでない。これは、職務範囲の縮減についても準用される。

(3)　世話人の職務範囲は、必要が生じたときは、それを拡張することができる。この場合において、世話人の選任に関する規定は準用される。

(4)　第1項及び前項は、同意の留保に準用される。

第1872条　財産及び文書の引渡し、最終決算書

(1)　世話が終了したときは、世話人は、その管理する財産及び世話の遂行において取得した全ての文書を被世話人、その相続人、又はその他の権利者に引き渡さなければならない。

(2)　世話人は、前項に定める権利者が求めるときに限り、財産管理に関する最終決算書を作成しなければならない。最終決算書を求める権利については、世話人が、文書の引渡し前に権利者に対して教示しなければならない。この請求権を行使する期限は、教示を受けてから6週間である。権利者が、被世話人に対して最終決算書を求めた場合には、世話裁判所に通知しなければならない。

(3)　世話の終了後6か月の間、被世話人の所在が不明であるとき、又は、この期限が経過した後も被世話人の相続人が知られていない若しくはその所在が不明であり、かつ、他の権利者がいないときは、世話人は、前項にかかわらず、最終決算書を作成しなければならない。

(4)　世話人が交代するときは、前の世話人はその管理の下にある財産及び世話の遂行において取得した全ての文書を次の世話人に引き渡さなければならない。前の世話人は、世話裁判所に提出された最新の決算書以後の管理につい

て、最終決算書によって説明をしなければならない。

(5) 世話人は、その職務の終了の際に第1859条により義務の免除を受けたとき
は、第2項及び前項第2文に定める義務を履行するのに、最新の財産概況書
を作成した後の収支の概要を内容とする財産概況書を作成することで足り
る。財産概況書の正確性及び完全性は、宣誓に代わる保証によって担保され
なければならない。

第1873条　決算書の検査

(1) 世話人は、前条に従い作成すべき最終決算書又は財産概況書を世話裁判所
に提出しなければならない。世話裁判所は、権利者が知られており又は法的
に代理されており、かつ、前条第3項に定める場合に該当しないときは、権
利者にこれらを送付するものとする。

(2) 世話裁判所は、最終決算書又は財産概況書の内容及び計算を検査し、必要
なときはこれを補充させなければならない。世話裁判所は、その検査の結果
を第1文に従い権利者に送付するものとする。

(3) 世話が終了し、かつ、前条第3項の場合に該当しないときは、最終決算書
又は財産概況書が到達してから6週間以内に権利者が検査を要求する場合に
限り、前項を適用する。この権利については、第1項第2文による送付の際
に権利者に教示するものとする。この期間の経過後は、世話裁判所による検
査を要求することはできない。

第1874条　世話の終了後における被世話人の事務処理

(1) 世話人は、被世話人が世話の終了を認識し又は認識すべきときまで、被世
話人の事務の処理を継続することができる。第三者は、法律行為をした際
に、世話の終了を知っていた又は知るべきであったときは、この権限を援用
することができない。

(2) 世話が被世話人の死亡によって終了したときは、世話人は、その委託され
た職務範囲の枠内で、相続人が自ら処理できるようになるまで、遅延が許さ
れない事務を処理しなければならない。

第5款　報酬及び費用償還

第1875条　報酬及び費用償還

⑴　名誉職世話人に対する報酬及び費用償還は、本款の規定に従い決定する。

⑵　職業世話人、世話社団、官庁世話人、及び世話官庁の報酬及び費用償還は、後見人及び世話人の報酬に関する法律に従い決定する。

第1876条　報酬

名誉職世話人は、原則として、報酬請求権を有しない。ただし、世話裁判所は、次のいずれの要件も満たされる場合には、適切な額の報酬の支払を許可することができる。

　１．被世話人の事務の遂行の量又は難易度に照らして報酬を支払うのが相当であること。

　２．被世話人が無資力でないこと。

第1877条　費用償還

⑴　世話人が世話の遂行のために費用を支出するときは、委任に関する第669条及び第670条の規定に従い、その前払又は償還を求めることができる。世話人の交通費の償還については、鑑定人及び通訳等への報酬に関する法律第5条の鑑定人に関する規定が準用される。

⑵　次に掲げる損害に対する適切な保険の費用は、費用に含まれる。

　１．世話人が被世話人に生じさせる可能性のある損害

　２．世話の遂行によって生じた損害の賠償債務を第三者に負うことによって世話人に生じる可能性のある損害

　　自動車保有者の強制責任保険の費用は、これらの費用には含まれない。

⑶　世話人の営業又は職業に属する役務も費用に該当する。

⑷　費用償還請求権は、その発生から15か月以内に裁判上行使されないときは、消滅する。世話裁判所におけるその権利の行使は、被世話人に対する行使となる。被世話人に対する行使は、国庫に対する行使となる。

⑸　世話裁判所は、この請求権の消滅について、前項第1文より短い又はより長い期間を定めることができ、また、申立てにより期間を伸長することがで

きる。この期間の定めをする際には、期間の徒過により償還請求権が消滅することを教示しなければならない。この請求権の額は、期間内に算定されなければならない。

第1878条　概算費用

(1)　費用償還請求の弁済に当たり、世話人は、報酬を得られない世話の遂行について、概算による金額の支払を被世話人に求めることができる（概算費用）。この額は、1年につき、失われた労働時間1時間に対する補償の上限額として証人に与えることのできる額（鑑定人及び通訳等への報酬に関する法律第22条）の17倍とする。世話人が当該費用について既に前払又は償還をうけているときは、概算費用はその分に応じて減額される。

(2)　世話人が複数選任されたときは、世話人のそれぞれが、概算費用の請求権を行使することができる。第1817条第4項により支障時の世話人が選任されたときは、各世話人は、実際に職務に従事した期間についてのみ、概算費用の請求権を行使することができる。

(3)　概算費用は、世話人が選任されてから1年後を初回として、毎年支払われなければならない。世話人の職務が終了したときは、概算費用は職務の終了までに経過した年の分を月割で支払うものとする。最初の月は1か月分として計算する。

(4)　概算費用の請求権は、それが発生した年が経過してから6か月以内に裁判上行使されないときは、消滅する。第1877条第4項第2文及び第3文は準用される。請求権が一度、裁判上明示的に行使されたときは、その後の年の分は、年次報告書の提出をもって請求がなされたものとみなす。ただし、世話人がさらなる請求権の行使を明示的に放棄するときは、この限りでない。

第1879条　国庫からの支弁

被世話人が第1880条の意味において無資力であるときは、世話人は、第1877条に定める前払金及び費用償還、又は前条に定める概算費用の支弁を国庫に求めることができる。

第1880条　被世話人の無資力

(1) 被世話人は、自己の用いることができる財産から、前払金、費用償還若しくは概算費用の全額を支払えないとき、又はその一部のみ若しくは分割払いでしか支払えないときは、無資力であるとみなす。

(2) 被世話人は、社会法典第12編第90条に従い、その財産を用いなければならない。

第1881条　債権の法定移転

国庫が世話人に弁済したときは、世話人が被世話人に対して有していた請求権は、国庫に移転する。被世話人が死亡したときは、その相続人は、相続開始時において存在した相続財産の価値の限度で責任を負う。社会法典第12編第102条第3項及び第4項は準用される。前条第2項は相続人に適用しないものとする。

第4節　その他の保護

第1882条　知れない本人のための保護

ある事務についてその本人が誰であるかが知れない又は不明であるときは、保護が必要である限り、その事務について保護人を選任する。いまだ生を受けていない又は将来の出来事によって誰かが定まる後位相続人については、後位相続が開始されるまでの間、保護人を選任する。

第1883条　包括財産の保護

一時的な目的のために公的に財産が集められた場合において、管理及び使用のために任命された者が欠けたときは、その財産の管理及び使用のため、保護人を選任することができる。

第1884条　不在者のための保護

(1) 所在が不明である成年の不在者には、その財産に関する事務について、保護が必要である限り、不在者保護人を付す。不在者が委任又は代理権を授与することで財産の保護に備えていたが、その委任又は代理権を撤回すべき事由が生じたときも、不在者保護人を選任しなければならない。

(2) 所在が知れているが、帰還してその財産に関する事務を処理することがで

きない不在者についても、前項と同様とする。

第1885条　その他の保護人の選任

世話裁判所又は遺産保護における遺産裁判所は、保護を命じ、適切な保護人の候補者を選び、その者が職務を引き受ける旨を表明したときは、保護人に選任しなければならない。

第1886条　保護の解消

(1)　不在者のための保護は、次に掲げる場合には、解消しなければならない。

　　1．不在者がその財産に関する事務を処理することができるようになったとき。

　　2．不在者が死亡したとき。

(2)　その他の場合において、保護は、保護を命令すべき事由がなくなったときは、解消しなければならない。

第1887条　保護の法定終了事由

(1)　不在者が死亡宣告を受け、又はその死亡時が失踪法の規定に従い確定したときは、死亡宣告又は死亡時確定に関する決定が確定することにより、保護は終了する。

(2)　その他の場合において、個別の事務を処理するための保護は、その処理がなされることにより終了する。

第1888条　世話法の適用

(1)　世話法の規定は、特段の定めがない限り、その他の保護について準用される。

(2)　職業としての保護人の報酬及び費用償還の請求権は、後見人及び世話人の報酬に関する法律第1条ないし第6条の定めるところに従う。被保護人が無資力でない限り、保護人の時給の額は、保護の職務の遂行に用いられ得る保護人の専門的知見、並びに保護の職務の量及び難易度に応じて定めるものとする。

ドイツ民法典第4編（親族法）　　　　書籍番号 500506

令和5年3月10日　第1版第1刷発行

編　　集　　法務省大臣官房司法法制部

発 行 人　　門　　田　　友　　昌

発 行 所　一般財団法人　法　　曹　　会

〒100-0013　東京都千代田区霞が関1-1-1
　　　　　　振替口座　00120-0-15670
　　　　　　電　　話　03-3581-2146
　　　　　　http://www.hosokai.or.jp/

落丁・乱丁はお取替えいたします。　　　印刷製本／（株）キタジマ

ISBN 978-4-86684-098-7